FACULTÉ DE DROIT DE PARIS

THÈSE

POUR

LE DOCTORAT

SOUTENUE

PAR

ÉMILE DENIS

AVOCAT A LA COUR IMPÉRIALE

NÉ A NOYON (OISE)

PARIS

IMPRIMERIE DE AD. LAINE ET J. HAVARD

RUE DES SAINTS-PÈRES, 19

1868

THÈSE DE DOCTORAT

DROIT ROMAIN

DE LA MANUS ET DES INCAPACITÉS SPÉCIALES AUX FEMMES MARIÉES.

DROIT FRANÇAIS

DE LA PUISSANCE MARITALE

PAR ÉMILE DENIS

Avocat à la Cour impériale, né à Noyon (Oise)

L'ACTE PUBLIC SUR LES MATIÈRES CI-APRÈS SERA SOUTENU
LE MERCREDI 22 AVRIL 1868, A 10 HEURES 1/2 DU MATIN

MM. Valette, président
Pellat,
Ortolan,   *professeurs.*
Rataud,
Leveillé,   *agrége.*

PARIS
IMPRIMERIE DE AD. LAINÉ ET J. HAVARD
RUE DES SAINTS-PÈRES, 19
1868

A mes Parents.

DROIT ROMAIN.

DE LA MANUS ET DES INCAPACITÉS SPÉCIALES A LA FEMME MARIÉE EN DROIT ROMAIN.

CHAPITRE PREMIER.

DE LA MANUS.

Dans l'ancien droit romain, la femme, quel que fût son âge, n'était jamais indépendante. Elle était toujours soumise à une autorité quelconque : cette autorité était ou la puissance paternelle, ou celle d'un tuteur, ou celle de son mari.

La puissance du père de famille sur les personnes du sexe féminin n'avait rien qui la distinguât quant à ses effets de celle à laquelle étaient soumis les mâles. Elle se produisait de la même manière, c'est-à-dire par l'effet du mariage légitime (*justæ nuptiæ*) ou par adoption, soit l'adoption proprement dite, soit l'adrogation. Elle se dissolvait aussi de la même manière.

La femme, qui ne se trouvait pas soumise à la puissance paternelle, était en tutelle, et cette tutelle était perpétuelle, suivant ainsi la femme jusqu'au tombeau. Beaucoup d'auteurs, soit des auteurs dits classiques comme Cicéron, soit des jurisconsultes, donnent pour motifs de cette institution la légèreté d'intelligence des femmes (*levitas animi*) et leur inexpérience des affaires d'intérêt (*forensium rerum ignorantia*) (1). Gaius indique ces raisons comme étant celles que l'on donnait communément (2). Quant à lui, il les trouve peu satisfaisantes, et cela parce que, comme il le fait observer, les femmes, bien qu'en tutelle, gouvernaient elles-mêmes leurs affaires. Cette faculté qu'on leur laissait n'était pas en harmonie avec la vraie cause de la tutelle sous laquelle on les plaçait. Aussi paraît-il probable que la tutelle perpétuelle des femmes avait pour but de conserver les biens dans la famille en mettant ainsi les femmes dans l'impossibilité d'en disposer en faveur d'un étranger. Ce qui tendrait à prouver que tel était le vrai et probablement l'unique but de la tutelle des femmes, c'est que, pour pouvoir aliéner de leur vivant les choses dites *mancipi* qui formaient la partie la plus importante des fortunes chez les Romains, ou en disposer par testament, il leur fallait l'autorisation

(1) Ulp. Reg., tit. XI. par. 1.
(2) Gaius, I. § 190.

de leur tuteur. Or, comme la tutelle appartenait de droit à leurs agnats, qui étaient leurs héritiers présomptifs, ceux-ci avaient le moyen de retenir la plus belle partie de la fortune de la fi mme. Cette partie des biens ne leur échappait que s'ils le vou-laient bien. C'est à peu près l'observation que fait Gaius pour la tutelle légitime des patrons et de l'ascendant émancipateur (1). S'il ne la fait pas également pour la tutelle des agnats, c'est que déjà, de son temps, elle n'existait plus, ayant été abolie par la loi Claudia (2).

Quant à la puissance que le mari pouvait avoir sur sa femme, puissance qui portait la dénomination de main (*manus*), elle paraît dériver de la coutume (3). Ce n'était, d'après Gaius, ni la loi des Douze Tables ni l'édit du préteur qui l'avait introduite. Il est vraisemblable d'ailleurs que la puissance paternelle elle-même n'avait pas eu primitivement d'autre source que la coutume, la pratique usuelle.

Chez un peuple de mœurs rudes et guerrières, comme l'étaient les premiers Romains, la force est évidemment tout. Or, la force étant le privilége du père et du mari, la femme et les enfants sont

(1) Gaius, I, 192.
(2) Gaius, I, 171.
(3) Eo jure quod consensu receptum est, dit Gaius, III. § 82, en parlant de l'acquisition universelle résultant de ce que la femme entrait sous la *manus* du mari.

par là même sous sa dépendance. Cette dépendance est d'abord absolue et cela parce qu'il n'existe pas de lois positives. La loi des Douze Tables n'a donc fait que reconnaître et régler, probablement en les adoucissant, les diverses sortes d'autorités qui existaient déjà depuis longtemps, soit la puissance paternelle, soit la tutelle des femmes, soit la main du mari sur l'épouse. Elle ne les a certainement pas établies.

Nous n'avons pas à traiter de la puissance paternelle, ni de la tutelle des femmes, mais seulement de la *manus*, c'est-à-dire du mariage dans lequel le mari avait la *manus,* et aussi par opposition de celui où il ne l'avait pas. Nous dirons ensuite quelques mots sur les autres règles relatives aux rapports entre le mari et la femme.

D'après les documents qui nous restent sur l'histoire du peuple romain, la *manus* n'est pas une conséquence du mariage, c'est-à-dire qu'elle n'en résultait pas de plein droit : c'est là une différence entre cette autorité et la puissance maritale du droit français. Il fallait des causes ou circonstances spéciales pour mettre la femme sous la main du mari, et ces causes pouvaient ne naître que pendant le mariage. De même la femme pouvait, après être tombée sous la main de son mari, en être affranchie sans cesser d'être mariée. Ce sont là des conséquences de ce que la *manus* n'est ni de l'essence, ni même de la nature du mariage. Elle n'en constitue qu'un effet purement accidentel. Suivant les conjectures de plusieurs auteurs, il en aurait été autrement dans les premiers temps de Rome : nous devons dire que, si elles sont fondées, elles ne nous apparaissent que comme des conjectures qui ne sont appuyées sur aucune base certaine.

Trois causes distinctes plaçaient la femme sous la main de son mari : la possession continuée, la confarréation, l'achat (*usus, confarreatio, coemptio*).

1° *Usus*. Dans l'ancienne langue latine, l'expression *usus* signifie possession. Or une possession continuée pendant un certain temps était, dans le très-ancien droit, un mode d'acquérir la propriété. On acquérait ainsi, *usu*, par l'usage, une chose dont on n'était pas propriétaire au moment où on commençait à la posséder. Le temps requis était un an pour les choses mobilières, deux ans pour les immeubles. Le mode d'acquérir, on l'appliquait au profit du mari à l'égard de la femme. Lorsqu'une femme restait sans interruption pendant un an chez son mari, elle lui était comme acquise par la possession annale ; elle entrait donc dans la famille du mari et y obtenait rang d'une fille.

La loi des Douze Tables disait : *Usus auctoritas fundi biennium, ceterarum rerum annus*. Ce texte décidait que les fonds de terre devaient être possédés pendant deux ans, et les autres choses un an. Quand la loi des Douze Tables fut promulguée, la règle que la femme s'acquérait par l'*usus* était déjà établie; car cette loi disposa que, si la femme ne voulait pas tomber ainsi sous la main de son mari, il lui faudrait tous les ans s'absenter trois nuits de suite et interrompre ainsi la possession de chaque année (1). La femme qui ne tombait pas *in manum* restait indépendante.

C'était donc assimiler la femme par rapport à son mari à une chose mobilière et même consacrer là une règle qui a de l'analogie avec la distinction du domaine quiritaire et du domaine bonitaire (2). De même, en effet, que la possession seule résultant de la tradition ne suffisait pas pour faire acquérir la propriété quiritaire des choses *mancipi*, et que cette acquisition ne s'opérait que par l'usucapion, de même la cohabitation, qui est une sorte de possession de la femme par le mari, était insuffisante pour placer immédiatement la femme sous la main du mari. Une cohabitation prolongée pendant un an sans interruption est nécessaire. Sans doute la femme n'était pas plus

(1) M. Michelet, dans son *Histoire romaine*, a pensé que le mari acquérait la *manus* sur sa femme, quand elle avait passé sous son toit trois nuits consécutives. Il y a eu confusion de la part du savant historien : c'est au contraire l'abandon du domicile conjugal pendant trois nuits consécutives qui permet à la femme de rester indépendante.

(2) Gaius, II, 40 et 41.

que le fils de famille susceptible d'une possession
véritable, c'est-à-dire possession caractérisée par
l'*animus domini*. Mais la législation ancienne de
Rome ne distinguait pas ces nuances. Elle était
encore trop rude, trop grossière pour cela.

Gaius nous apprend que de son temps cette
sorte d'usucapion de la femme par son mari avait
totalement disparu. Des lois spéciales qu'il n'indique pas et la désuétude l'avaient abrogée (1).
« Mais il ne paraît pas, dit de Caqueray, qu'au
temps de Cicéron, elle eût complétement disparu,
si l'on s'en réfère à un passage de son discours *pro
Flacco*. Là il se demande si une femme était tombée
in manum usu, par l'usage. Il est cependant permis
de croire que ce mode était peu en rapport avec les
mœurs déjà relâchées de la Rome républicaine. »

2° La confarréation. C'était une cérémonie qui,
d'après Ulpien, exigeait : 1° des paroles détermi-
nées et sacramentelles; 2° la présence de dix témoins; 3° un sacrifice solennel dans lequel on em-
ployait un pain ou gâteau de farine, *farreus panis*.
C'est cette dernière circonstance qui avait fait
donner à l'acte le nom de confarréation. Gaius
ajoute qu'il fallait en outre plusieurs autres formalités pour régulariser cette cérémonie (2).

La confarréation existait encore du temps de

(1) Gaius, C. I, § 3.
(2) *Ulp. Reg.*, tit. IX. Gaius, C. I, § 112.

Gaius; car les hautes dignités sacerdotales, c'est-à-dire celles de flamine de Jupiter, de Mars et de Quirinus, ne pouvaient être conférées qu'à des citoyens issus d'un mariage dans lequel la femme s'était placée par confarréation sous la main du mari. Néanmoins la confarréation devint plus rare sous l'empire. On peut penser qu'elle était en fait, peut-être même en droit, particulière aux patriciens. Elle a dû disparaître complétement à l'époque où le christianisme fut embrassé par Constantin.

Sous l'empire, le recrutement des flamines était déjà très-difficile. Tacite nous dit : « Pour nommer le grand flamine Dialis, on choisissait trois patriciens nés de parents *farreati*, et l'on élisait l'un d'eux. Mais ces mariages étaient devenus rares, parce que d'abord les cérémonies de la confarréation étaient difficiles, et surtout parce que la *manus* faisait sortir la femme de la puissance paternelle. Alors une loi décida que la femme du grand *flamen Dialis* ne serait *in manu* que *ad sacra* ; que du reste elle serait dans la position des autres femmes. » Ces paroles de Tacite se trouvent d'accord avec ce qui nous reste de Gaius (1).

3° La coemption. C'était l'achat solennel, fictif toutefois, de la femme par le mari. Cet achat s'opérait par le mode ordinaire usité pour l'acquisi-

____
(1) Gaius, Comm. 1, § 130.

tion des choses *mancipi*, mode qui portait le nom de mancipation. La mancipation est qualifiée par les jurisconsultes romains une vente imaginaire, parce qu'en effet les formalités dont elle se composait faisaient bien supposer une vente, mais le prix n'était qu'apparent. D'après Gaius la mancipation destinée à placer la femme sous la main du mari exigeait la présence d'au moins cinq témoins, citoyens romains pubères, d'un *libripens* ou porte-balance, et de la femme.

C'était la femme elle-même qui se vendait ainsi : cela résulte d'abord du mot lui-même *co-emptio*, mot qui suppose un acte fait par le mari avec sa femme, et ensuite de ce que Gaius n'énonce l'intervention de personne autre que les cinq témoins, le *libripens*, avec la femme, *una cum muliere*, enfin de ce que le même jurisconsulte dit ailleurs que, dans le cas où la femme était en tutelle, il lui fallait pour faire la coemption l'autorisation de son tuteur. Les termes précis employés dans la coemption ne nous sont pas connus; nous savons seulement qu'ils différaient de ceux qu'employaient les pères de famille quand ils mancipaient les personnes libres qu'ils avaient sous leur puissance paternelle; les paroles que l'on prononçait dans ce dernier cas étaient de nature à mettre la personne mancipée dans une situation analogue à celle d'un esclave, tandis qu'il n'en était pas de

même des expressions employées dans la coemption, expressions qui devaient donner à la femme
la position d'une fille à l'égard de son mari (1).

La coemption existait encore sous Gaius qui en
parle comme d'une institution présente : Cicéron
en parle aussi très-souvent. Au Comm. 1, § 114,
Gaius nous dit que la femme pouvait se donner
en *coemptio fiduciæ causa;* le mari était alors obligé
de la remanciper, et devenait son tuteur. Quand
le contrat de coemption n'avait pas été *fiduciæ
causa,* la femme ne pouvait échapper à la *manus*
qu'en envoyant le *repudium divortii.*

La femme qui tombait sous la *manus* de son
mari passait dans sa famille, et y acquérait, nous
venons de le dire, la position légale de fille de
son mari. Cette position de fille, bien entendu, ne
lui était acquise qu'en ce qui n'était pas incom-
patible avec sa qualité d'épouse; car la faculté de
divorcer donnait à la femme le moyen de s'affranchir de la *manus.*

Et de ce que la femme passait par la *manus* dans
la famille de son mari, il suit qu'elle sortait de
celle où elle se trouvait précédemment et subissait
alors la *minima capitis minutio* avec les conséquences qui y étaient attachées; telles que l'extinction d'un droit d'usufruit ou d'usage qui aurait été

(1) Gaius, I, §§ 122 et 123.

constitué en sa personne, d'un droit de patronage qui lui aurait appartenu. Ses obligations civiles s'éteignaient comme telles pour ne subsister désormais que comme obligations naturelles (1).

Quant aux conséquences pécuniaires de la *manus* dans les rapports du mari et de la femme, elles étaient analogues à celles que produisait la puissance entre les fils de famille et le père de famille.

Ainsi d'abord la femme *in manu*, se trouvant par là *alieni juris*, ne pouvait rien avoir à soi. Si, avant de tomber sous la main de son mari, elle était *sui juris*, tous ses biens corporels et incorporels devenaient la propriété de son mari. Celui-ci devenait ainsi son successeur universel, de la même manière qu'un adrogeant devenait successeur universel de l'adrogé.

Gaius, en effet, met ces deux hypothèses sur la même ligne. Quant aux droits susceptibles de s'éteindre par la *capitis minutio*, ils ne pouvaient, à raison de cette extinction, passer au mari. Les dettes de la femme, dettes qui, nous l'avons dit, s'éteignaient comme dettes civiles pour n'être plus que des dettes naturelles, ne passaient pas au mari, à raison du principe que la personne qui en a une autre sous son autorité peut bien acquérir, par conséquent devenir créancière par cette personne,

____

(1) Gaius, IV, § 38.

mais ne peut devenir obligée par elle. Seulement le préteur avait décidé dans l'édit qu'il restituerait les créanciers contre l'effet de la *capitis minutio;* qu'il leur donnerait une action utile contre la femme *in manu* et contre l'adopté, et que, s'ils n'étaient pas défendus par le mari ou l'adrogeant, il autoriserait les créanciers à vendre tous les biens qui eussent appartenu à la femme, si elle ne se fût pas placée sous la main de son mari, ou à l'adrogé, s'il ne se fût pas donné en adrogation (1).

Les acquisitions qui, une fois la femme tombée sous la *manus*, pouvaient se réaliser par la femme, profitaient au mari d'après les principes généraux concernant les acquisitions des personnes *alieni juris* (2).

Dans son étude sur la condition privée de la femme, M. Gide, s'écartant de l'opinion suivie par la plupart des auteurs, voit dans la *manus* une sorte de communauté universelle. « C'est, dit-il, une sorte de régime nuptial. » Selon lui, les droits que le mari a sur la personne de sa femme, il les tient du mariage; la *manus* n'ajoute rien à sa puissance maritale. « Elle modifie seulement les intérêts pécuniaires et ne s'exerce que sur ses biens. »

Cette théorie s'appuie, suivant lui, sur les droits

(1) Gaius, II, § 89, 90.
(2) V. au Dig. Tit. *de capite minutis,* et Gaius III, §81, et IV, §38.

que la femme *in manu* avait dans la succession de son mari. Celle-ci, ayant dans la famille de son mari le rang de fille, y acquérait par là même les droits de succession attachés à la qualité de membre de la famille. Ainsi, à la mort de son mari, si celui-ci mourait *ab intestat,* elle était au nombre de ses héritiers siens. Et si, après la mort de son mari, la succession d'un de ses agnats s'ouvrait, si elle se trouvait au degré appelé, et que d'ailleurs elle eût le droit de consanguinité, elle était appelée à l'hérédité légitime (1).

Réciproquement, sa propre hérédité s'ouvrait au profit de ses agnats. Ces droits de succession sont la conséquence directe de la qualité de fille qu'elle acquiert ; mais ils ont dû être écartés par les sénatus-consultes Tertullien et Orphitien qui admirent, le premier la mère à la succession de ses enfants, et le second les enfants à la succession de leur mère.

Il faut remarquer d'ailleurs que, si le mari était lui-même fils de famille, la femme tombait sous la *manus* du père de famille, à l'égard de qui elle prenait le rang de petite-fille. Le mari, étant lui-même sous la dépendance d'autrui, ne pouvait ni avoir autorité sur une autre personne, ni acquérir par cette personne. C'est aussi d'après cette qualité de

_____

(1) Gaius, III, §§ 3 et 14.

petite-fille que se déterminaient les droits de succession *ab intestat* (1).

Cette dernière hypothèse est une de celles qui démontrent combien il serait peu exact de voir de l'analogie entre la *manus* du droit romain et la puissance maritale du droit français.

En droit romain, le père de famille ou le maître dont le fils de famille ou l'esclave a commis un délit contre un tiers a la faculté, soit de payer la condamnation à laquelle le délit donne lieu, soit de faire à celui contre qui le délit a été commis l'abandon de l'auteur du délit. Cette faculté n'appartenait pas au mari à l'égard de la femme *in manu*. Cela résulte de ce que dit Gaius sur cette matière (2). C'est aussi un des arguments qui ont déterminé M. Gide à adopter le système que nous avons présenté plus haut. Il en conclut que la *manus* ne donne pas de pouvoir au mari sur la personne de sa femme.

La *manus* se dissolvait par les mêmes modes que la puissance paternelle, en tant du moins que le permettait la nature des choses : ainsi le mari ne pouvait donner en adoption la femme *in manu*, parce qu'elle ne pouvait avoir le rang de fille qu'à l'égard de son mari.

(1) Gaius, III, §§ 5 et 14.
(2) Gaius, IV, §§ 75-80. Le § 80 est mutilé : mais, en le comparant avec ce qui précède, notre proposition est manifeste.

Une observation importante, c'est que, s'il pouvait y avoir analogie entre la *manus* et la puissance paternelle, il n'y avait pas assimilation, tant s'en faut. La *manus* n'était en définitive qu'une sujétion purement volontaire de la femme, soit au début du mariage, soit pendant sa durée. Car la femme conservait la faculté d'envoyer la répudiation à son mari et de le contraindre alors à l'affranchir de la *manus* absolument comme si elle n'avait jamais été sa femme, tandis qu'une fille même adoptive ne pouvait forcer son père à la libérer de la puissance paternelle (1). C'est là d'ailleurs ce qui établit une profonde différence entre la *manus* et notre puissance maritale.

La femme *in manu* pouvait-elle avoir une dot, et en cas d'affirmative quels étaient ses droits sur la dot? C'est là un point sur lequel les monuments qui nous restent ne nous donnent pas de lumières. Si, avant de tomber sous la *manus*, elle était *sui juris* et avait des biens, ou si, pendant l'existence de la *manus*, des donations ou des legs lui étaient faits, ou si elle était constituée héritière, ce qui par l'effet de la *manus* était acquis au mari (ou au père de famille du mari) devait-il au moins être restitué à la femme après la dissolution de la *manus?* Cicéron nous dit : « Ces biens sont chez le mari à titre

_____

(1) Gaius, I, § 137.

de dot. La femme sera dorénavant un instrument d'acquisition pour son mari. » Nous ne voyons rien dans Gaius qui nous autorise à admettre que le mari devra restituer la dot. Il met sur la même ligne l'adrogé et la femme qui tombe *in manu*. Or il est bien certain que l'adrogé n'avait pas le droit de recouvrer les biens acquis par l'adrogeant par l'effet de l'adrogation. Ce n'est qu'Antonin qui en décida autrement, et seulement pour l'adrogé impubère. M. Pellat dit aussi, à propos du texte de Cicéron que nous avons cité plus haut, que les documents manquent sur ce point (1).

Nous ne croyons pas devoir nous occuper du cas où les femmes se plaçaient sous la *manus* d'un autre que leur mari. Cette hypothèse n'a en effet aucun rapport avec le droit respectif des époux.

Lorsque la femme n'était pas sous la *manus* de son mari, les divers effets que nous avons indiqués jusqu'ici ne pouvaient se produire. Mais le mari avait-il en cette qualité quelque autorité propre sur sa femme ?

Il est un point certain, c'est que le seul fait du mariage ne changeait rien aux droits pécuniaires des deux époux : le mari n'acquérait en cette qualité ni la propriété, ni la jouissance, ni l'adminis-

(1) M. Pellat. Textes de la dot, p. 324.

tration des biens de sa femme, lorsque celle-ci pouvait avoir des biens, c'est-à-dire lorsqu'elle était *sui juris*. Quant à une dot, il n'y en avait qu'autant que la femme, ou un tiers pour elle, en avait constitué.

Un pouvoir quelconque emportant contrainte sur la volonté de la femme était impossible en présence de la faculté pour chacun des époux, pour la femme aussi bien que pour le mari, d'envoyer la répudiation à l'autre : car, si le mari se fût avisé de mécontenter sa femme, celle-ci eût repris sa liberté. On ne voit donc rien dans le droit romain qui ressemble à ce qu'on appelle chez nous la réintégration du domicile conjugal. Les seuls actes d'autorité que mentionnent les textes de droit sont des actes dirigés contre les tiers.

Dans l'origine, la puissance paternelle prévalait sur les droits du mari. Ainsi le père pouvait reprendre sa fille et rompre ainsi le mariage. Mais sous l'empire il en fut autrement : la faveur accordée au mariage depuis Auguste, et aussi la tendance des mœurs nouvelles qui était de tempérer l'ancienne puissance paternelle, firent au contraire préférer le mari au père de famille.

On posa comme règle que, dans le cas où l'union et la bonne harmonie régnaient entre les deux époux, le père ne serait pas admis à les séparer contre leur gré. Et si un père retenait

chez lui sa fille mariée, le mari pouvait obtenir
un interdit par lequel il le contraignait à lui
remettre et lui laisser emmener sa femme. On a
toujours reconnu au mari un devoir, celui de
protéger sa femme contre toute injure. Ce devoir
est comme dicté par la nature, car c'est au sexe
le plus fort à protéger le plus faible. On en dédui-
sait cette conséquence, que le mari avait personnellement action contre ceux qui commettaient
contre sa femme le délit d'injures, car, en outra-
geant la femme, on outrage par là même son
protecteur. Et cette action, comme de raison, était
distincte de celle qui appartenait à la femme elle-
même. Il ne paraît pas que l'on ait à distinguer à
cet égard si la femme était ou non *in manu*. C'est
qu'en effet le devoir moral du mari était le même
dans les deux cas (1).

(1) Gaius, III, § 221. — Inst. de Injur. § 2.

CHAPITRE II.

Nous avons déjà dit que le mariage n'exerçait par lui-même aucune influence sur les droits pécuniaires des époux. Pour qu'il en fût autrement, il fallait des actes ou contrats spéciaux, c'est-à-dire une constitution de dot.

Ce serait sortir de notre sujet que de développer les règles concernant la dot en droit romain. Bornons-nous à ces considérations spéciales à notre matière.

La dot est le bien ou l'ensemble de biens apportés au mari pour l'aider à supporter les charges du mariage.

On distinguait trois sortes de dot : la dot profectice, la dot adventice et la dot réceptice.

La dot profectice était celle qui venait du père ou d'un autre ascendant paternel de la femme ; la dot adventice, celle qui venait de toute autre personne, soit qu'elle eût été constituée par la femme elle-même ou bien par un tiers ; quant à la dot réceptice, c'était celle dont la restitution avait été stipulée.

C'est le mari qui est, en droit romain, propriétaire des biens dotaux. La propriété lui en était acquise par les modes ordinaires destinés à transférer la propriété, c'est-à-dire la mancipation, la cession juridique (*in jure cessio*), ou la tradition, suivant la nature des biens qui composaient la dot.

Il en est qui, au premier abord, sont disposés à ne voir qu'une fiction dans cette propriété du mari. C'est pourtant la chose la plus simple du monde, au moins dans les cas ordinaires. Le mari était propriétaire des biens dotaux, mais personnellement obligé de les rendre dans certains cas. Il devait les rendre en cas de divorce, ou s'il mourait le premier en mariage. Il les gardait si c'était la femme qui mourait la première, sauf qu'en ce dernier cas, si la dot était profectice et que l'ascendant qui l'avait constituée fût encore vivant, cette dot lui revenait.

Cela étant, la position du mari était analogue à celle d'un propriétaire sous condition résolutoire dans le droit français.

Il est vrai que cette position disparaissait dans la dot réceptice, c'est-à-dire dans le cas où le constituant avait stipulé le retour de la dot à tout événement : car alors le mari n'avait pas d'autre émolument que la jouissance des biens dotaux. Mais, comme en droit romain on n'admet pas que la propriété se résolve de plein droit en vertu d'un acte entre vifs, et que, si la propriété a passé d'une tête sur une autre, il faut pour la restituer un nouvel acte translatif, le mari était propriétaire même de la dot réceptice, et c'est par suite de cette considération que, même après l'innovation de Justinien qui sous-entend toujours la stipulation de retour, et qui par là oblige le mari dans tous les cas à rendre la dot à la femme ou à ses héritiers, au lieu de dire que le mari n'a que l'administration et la jouissance de la dot, on a continué à dire qu'il en avait la propriété.

Il est incontestable que le mari pouvait, en vertu de son droit de propriété, aliéner les biens dotaux; car un propriétaire a qualité pour conférer à des tiers ses droits dans toute leur étendue. Aussi a-t-il fallu une loi, la loi Julia, pour ôter ce pouvoir au mari à l'égard du fonds dotal. Mais l'aliénation qu'il en aurait faite ne pouvait, cela est clair, le dégager de l'obligation de restituer la dot en nature, sinon de payer des dommages-intérêts. Car c'est un principe que tout débiteur qui s'est mis, par son fait ou sa faute, dans l'impossibilité d'accomplir son obligation, est tenu de dommages-intérêts envers son créancier.

Tel était le droit primitif, mais il en résultait un inconvénient : le mari pouvait, après avoir aliéné, devenir insolvable, de sorte que la femme n'eût pu rien recouvrer. D'ailleurs, lorsque la dot consistait en un fonds, mieux valait pour la femme recouvrer ce fonds, propriété solide, fructueuse, que de recevoir à la place une somme d'argent dont il lui eût été plus difficile de faire un emploi sûr et avantageux, eu égard surtout à ce que valait la propriété mobilière dans l'antiquité. Or, sous Auguste, on cherchait à encourager les mariages, et la conservation de la dot tend évidemment à ce but. Car une femme qui a une dot solide à offrir trouve plus facilement un mari. Cela est de tous les temps.

Une loi rendue sous Auguste et dite loi *Julia de adulteriis*, parce qu'elle punissait aussi l'adultère, défendit donc au mari d'aliéner le fonds dotal, si ce n'est du consentement de la femme. Et de plus elle lui défendit de l'hypothéquer même avec ce consentement. Voilà du moins ce que Justinien affirme dans ses *Institutes*.

Mais, d'après M. Demangeat (*De la condition du fonds dotal en droit romain*), la loi Julia n'avait en aucune façon trait à l'hypothèque : elle se bornait à défendre d'aliéner le fonds dotal sans le consentement de la femme. Ce serait la jurisprudence qui, plus tard et par application ou plutôt par extension du sénatus-consulte Velléien, aurait défendu d'hypothéquer le fonds dotal, parce que la femme, en consentant cette hypothèque, aurait engagé pour la dette du mari un bien qui, en quelque façon, lui appartenait encore.

En tout cas, la distinction mise entre l'aliénation et l'hypothèque se fonde sur cette considération, que la femme se laisserait moins facilement aller à consentir une aliénation qu'une constitution d'hypothèque ; car elle reconnaîtrait facilement le danger d'une aliénation, danger actuel et immédiat, tandis qu'elle supposerait que l'hypothèque n'entraînera aucune fâcheuse conséquence. C'est d'après la même idée que le sénatus-consulte Velléien ne lui permettait pas de s'engager pour autrui, tout en lui laissant la faculté de payer pour autrui.

Mais le consentement de la femme, s'il avait manqué au moment de l'aliénation, pouvait être donné plus tard. Il y avait alors le concours des deux volontés, et ce consentement *a posteriori* suffisait pour valider l'acte. Mais aucune autre personne que la femme n'aurait pu par son approbation ratifier l'aliénation faite par le mari, et le père de la femme ne pouvait le faire plus qu'un autre : il ne pouvait ainsi modifier les droits de sa fille sur la dot, droits qui deviennent définitifs dès l'instant de la constitution. Qu'elle soit ou non sous la puissance paternelle, la femme et le mari ont seuls des droits sur la dot (1).

Justinien voulut assurer d'une façon plus certaine la restitution de la dot. Pour arriver à ce but,

______

(1) L. 50. *De sol. mat.* et L. 7, pr. h. t.

il étendit encore les dispositions restrictives de la loi Julia, et, protégeant la femme contre la faiblesse de son sexe, contre son ignorance des affaires et contre les entraînements du mariage, il décida que, de même que le mari ne pouvait pas hypothéquer le fonds dotal même avec le consentement de la femme, de même il ne pourrait plus l'aliéner, qu'elle donne ou non à cette aliénation son assentiment.

C'est, en définitive, la loi Julia, à laquelle Justinien a donné l'extension que nous venons d'indiquer, qui a réglé le droit du mari sur le fonds dotal : mais elle ne traite, comme le prouvent ces mots : *de fundo dotali,* que des immeubles que la femme s'était constitués en dot. Nous chercherions en vain une disposition législative qui ait trait à la dot mobilière. Les législateurs de l'antiquité faisaient peu de cas de la propriété mobilière ; elle ne représentait pas une valeur assez solide et assez fixe pour qu'elle fût, autant que les biens immobiliers, l'objet de leurs préoccupations ; ceci ne sera guère pour nous un sujet d'étonnement, puisque l'étude du Code Napoléon nous montre que ses auteurs étaient encore au début de notre siècle imbus des mêmes idées.

En l'absence de textes législatifs, le droit du mari sur la dot mobilière était réglé d'après les principes du droit commun. Si, du consentement de sa femme, il aliène cette dot, il demeure responsable non plus des objets constitués, mais du prix; si l'aliénation a été faite sans le consentement de la femme, celle-ci peut obtenir des dommages-intérêts : cette décision se justifie d'autant mieux que, s'il y a rarement avantage à vendre des immeubles, il arrive fréquemment qu'on a intérêt à vendre des meubles qui sont plus faciles à remplacer et dont la détérioration est plus rapide.

Le fonds dotal, le seul qui fasse l'objet de la loi Julia, se compose, par conséquent, des fonds de terre et des maisons, car Cicéron, à propos de l'usucapion, nous apprend que, d'après l'équité, on assimila les maisons aux fonds de terre (1).

Mais sur l'application de la loi Julia un doute s'était élevé dont Gaius nous a conservé la trace (2). Il remarque qu'on n'était pas d'accord sur le point de savoir si la loi Julia s'applique aux fonds provinciaux et italiques ou à ces derniers seulement. Il résulte très-nettement au contraire des *Institutes* de Justinien que les fonds provinciaux étaient restés en dehors de cette loi (3). Il est donc probable que, par suite du silence de la loi Julia, la pratique romaine avait tranché la question dans le sens que nous trouvons indiqué aux *Institutes*. Cette

(1) L. 13 h. t.
(2) Gaius, C. II, § 63.
(3) *Inst. Præ. Quibus alien. licet.*

différence était tout à fait regrettable, et l'on ne voit pas pourquoi les femmes, dont la dot se composait de fonds provinciaux, étaient moins protégées que les autres contre l'incapacité de leur sexe. Aussi Justinien se décide-t-il en sens contraire : il soumet les fonds provinciaux aux mêmes règles que les fonds italiques. Sous Justinien, du reste, cette décision s'imposait d'elle-même, car l'Italie ne faisait déjà plus partie de l'empire.

Il est toujours très-important de savoir ce qui est dotal, c'est-à-dire ce qui devra être restitué : pour cela il faut distinguer s'il y a eu ou non estimation des objets constitués en dot, et de quelle condition a été accompagnée l'estimation. Si un fonds a été constitué en dot sans estimation, il n'y a ni dérogation au droit commun, ni difficulté : c'est le fonds même qui devra être remis à la femme; mais, si la constitution de dot a renfermé l'estimation de l'immeuble, cette estimation vaut vente; c'est alors le montant de l'estimation qui sera dotal. Le fonds devient alors la propriété incommutable du mari, qui peut en disposer seul et comme bon lui semble. Mais la loi 11 du titre *de fundo dotali* au Digeste fait remarquer qu'il en serait autrement si l'estimation n'avait eu pour but que de donner à la femme l'option entre le bien dotal et le prix estimé : le mari est alors soumis à une obligation alternative, et, puisque

ce n'est pas à lui qu'appartient l'option, il ne peut
y échapper en aliénant l'un des objets de l'obligation : il le pourrait, au contraire, si l'alternativité
avait été créée dans son intérêt (1). S'il avait été
convenu que l'estimation ne vaudrait pas vente,
celle-ci ne pourrait servir qu'à apprécier la valeur de la dot constituée et l'importance des dommages-intérêts auxquels le mari pouvait être
condamné si, par sa faute, il se plaçait dans l'impossibilité de restituer la dot comme elle devait
l'être, c'est-à-dire dans son intégrité.

La femme a pu se constituer en dot un esclave,
et celui-ci acquiert un immeuble. Cet immeuble
deviendra la propriété du mari sous la même condition que tout autre immeuble dotal. La dot en
effet aura été augmentée; il serait impossible de
considérer cette acquisition comme un produit,
un fruit de l'esclave. Si cet esclave avait acquis un
objet mobilier, ce n'est pas, comme nous l'avons
déjà dit, la loi Julia qu'il faudrait appliquer, mais
les principes du droit commun (2).

Les observations précédentes font comprendre
que c'est la qualité de dotal qui fait prohiber l'aliénation du bien. Le pouvoir du mari se trouve
donc maintenu dans les limites de la dotalité. Dès
que le bien lui aura été acquis en cette qualité et

1) L. II. *Dig.* l. t.
2) L. III, *Dig.* l. t.

tant qu'il le conservera au même titre, il se trouve lié par la loi Julia, le mariage n'eût-il pas encore eu lieu ou fût-il déjà dissous. Il faut que la protection donnée à la femme soit sérieuse, que, dans tous les cas et quoi qu'il arrive, elle soit certaine de reprendre sa dot. Aussi, dans l'hypothèse qui a été présentée, où les biens du mari sont confisqués et passent au trésor, hypothèse assez commune d'ailleurs à Rome, le fisc se trouve dans la même situation que le mari vis-à-vis de la femme. Il n'a pas d'autres droits et ne devient propriétaire que sous les mêmes conditions.

Ce qui est défendu par la loi Julia, et ici il faut que nous précisions, c'est la translation de la propriété du fonds dotal de la tête du mari sur la tête d'un tiers (1) : il importe peu que cette translation se produise d'une manière ou de l'autre : elle est interdite.

Le mari ne pourrait pas plus aliéner à titre gratuit qu'à titre onéreux. Les textes qui traitent cette matière n'établissent aucune distinction, et il est aisé de comprendre que le résultat que se propose la loi Julia serait également empêché; la femme ne retrouverait pas sa dot en nature.

Mais une loi qui interdit l'aliénation par un acte doit également l'interdire par abstention; s'il était

(1) C. L. I, h. t.

possible à un tiers d'usucaper le fonds dotal, à quoi eût-il servi d'interdire au mari d'en faire la mancipation, ou la *cessio in jure*, ou la tradition ? Il lui fût resté un moyen facile de frauder la loi en se concertant avec le tiers pour que celui-ci en devînt propriétaire par la possession continuée pendant un certain temps. Aussi n'était-il permis d'usucaper le fonds dotal que dans un seul cas : c'était celui où l'usucapion avait commencé avant le mariage : elle continuait alors même pendant le mariage; mais, dès que le mari le pouvait, il devait l'interrompre : s'il ne le faisait pas, il était responsable envers sa femme dont il avait mal administré les biens. C'est ce que nous dit la loi 16, *au Dig. de fundo dotali.*

Le mari n'avait pas même le droit de provoquer le partage, si la femme s'était constituée en dot un bien indivis; car ce partage pouvait amener une aliénation, et cette question est tranchée dans la loi 2 *au Code, eodem tit.* Mais, si le partage du fonds indivis était provoqué par un autre, l'aliénation se produirait; c'était alors une aliénation *nécessaire* et qui ne pouvait en aucune façon lui être imputée (1).

Le fonds dotal doit être restitué à la femme dans son intégrité, c'est-à-dire tel qu'il a été transféré

(1) C. L, 2 h. t.

par elle à son mari. Il ne serait donc pas permis à celui-ci de renoncer aux servitudes actives qui y sont attachées, ni de les abandonner par le non-usage ; car ce serait diminuer la valeur de la propriété, *ne per hoc deterior conditio prædii fiat* (1). Il ne pourrait pas non plus le grever de servitudes ; la même raison s'y oppose (2).

Les jurisconsultes Paul et Ulpien nous indiquent certaines hypothèses où la propriété du fonds dotal sera transférée à d'autres qu'au mari. Mais elle ne passe à ceux-ci, ils ont le soin de le faire remarquer, que sous la condition d'inaliénabilité dont ce fonds est frappé ; les droits de la femme sont toujours sauvegardés.

Si le mari décède, le bien dotal passe à son successeur universel, et il est de principe que celui-ci ne peut avoir des droits plus étendus que ceux de son auteur. Si le mari est réduit en servitude, nous avons déjà vu que, quoique le fisc soit toujours solvable, le bien demeure dans ses mains frappé d'inaliénabilité. Si le mari se donne en adrogation, l'adrogeant est un successeur universel, et nous avons déjà dit quelle est la position de celui-ci.

Dans la loi 1 au Dig. L. S. Paul suppose le cas

(1) D. L. 6 h. t.
(2) D. L. 5 h. t.

ou, le fonds dotal menaçant ruine, le voisin qui
aurait à souffrir de la chute demande caution en
vue du dommage éventuel. Le mari refuse de
fournir la caution : le préteur envoie d'abord le
voisin en possession du fonds dotal, puis ordonne
qu'il possède : le voisin, dit Paul, devient proprié- .
taire, parce que l'aliénation n'est pas volontaire.
Ce n'est pas le mari qui aliène; c'est malgré lui,
mais en vertu de la loi, que se fait la translation
de propriété. Le mari ne peut pas arrêter par son
refus d'obéir la juridiction du préteur : peu importe au voisin menacé que le fonds soit dotal.
On ne peut pour cette cause le forcer à demeurer
sous la menace d'un péril imminent. La loi Julia
n'a aucune application dans ce cas.

Nous savons dans quel esprit a été édictée la
prohibition d'aliéner le fonds dotal : la loi Julia,
de même que les *Institutes* qui en ont étendu la
rigueur, n'a voulu qu'une seule chose : protéger
la femme contre son incapacité et son ignorance
des affaires; c'est donc uniquement dans l'intérêt
de celle-ci que cette inaliénabilité a été créée. Il en
résulte qu'elle seule peut l'invoquer; le mari, au
contraire, ne le pourrait pas; s'il y a seul intérêt,
si la dot doit lui rester définitivement, l'aliénation
qu'il en aura faite sera donc valable (1).

(1) D. L. 17 h. t. et D. L. 42, *de usurp.*

La femme pourra la faire annuler, et Papinien
nous dit qu'il n'y a pas à rechercher si l'acquéreur
connaissait ou non l'état des choses; sa bonne foi
ne peut en rien lui servir. S'il avait fallu faire une
distinction entre l'acquéreur de bonne foi et l'acquéreur de mauvaise foi, rien n'eût été plus facile
au mari que d'échapper à la loi Julia, Il eût trompé
le tiers, ou par un concert frauduleux se fût ar-
rangé avec lui de façon à lui donner toute l'apparence d'un contractant de bonne foi. Pour atteindre promptement et sans difficulté le but qu'elle
se proposait, la loi a déjoué toutes ces fraudes et
coupé court à toutes les chicanes par sa sévérité (1).

Mais quand, au mépris des prohibitions de la loi
Julia, le fonds dotal aura été aliéné par le mari,
quelle action sera donnée contre le tiers à qui la
propriété en aura été transférée? Les textes anté-
rieurs à Justinien ne nous fournissent pas sur ce
point une réponse précise. On croit généralement
que le mari avait l'action en revendication; car,
l'aliénation qu'il a faite étant nulle, la propriété
est restée sur sa tête. Mais cette action en revendication appartenait-elle à la femme? C'est là un
point plus délicat, car la femme n'est plus propriétaire du fonds dotal, et ne pourra l'être que
quand son mari lui aura rétrocédé la propriété.

(1) D. L. 42, *de usurp.*

Jusque-là elle n'a qu'une créance en restitution de sa dot; mais le préteur lui accordait probablement l'action utile en revendication, comme l'équité l'exigeait; toutefois ce ne sont que des conjectures.

Le droit de la femme était transmissible à ses héritiers dans les cas où ceux-ci avaient l'action *rei uxoriæ*. C'est ce que nous dit Ulpien, l. 13 *au Dig.*, § 3. L. T. : *Heredi quoque mulieris idem auxilium præstabitur, quod mulieri præstabatur.*

C'est seulement à la dissolution du mariage que l'annulation de l'aliénation prohibée pourra être poursuivie. Le droit de la femme ne pouvant naître pendant le mariage, on ne peut savoir s'il y aura lieu à annulation.

Sous Justinien la position de la femme est plus favorable; l'action en revendication lui est accordée pour la restitution de sa dot. Cette action s'applique à tous les biens qui doivent lui être remis, sans distinction. S'ils n'ont pas été estimés dans la constitution, c'est-à-dire aliénés, qu'ils soient meubles ou immeubles, la femme peut les revendiquer; s'ils ont été aliénés par estimation, ils peuvent encore être revendiqués, comme si la femme en était restée propriétaire; mais c'est alors le prix qui lui sera payé.

Quant à l'action hypothécaire que la constitution de Justinien accorde également à la femme

pour la restitution de sa dot, elle s'appliquait toutes les fois que les biens dotaux, valablement aliénés par le mari, étaient passés en d'autres mains.
C'était une hypothèque privilégiée, établie par la
loi, à l'aide de laquelle la femme primait les autres
créanciers du mari, même hypothécaires.

D'après cette constitution, ce n'est qu'à partir
de la déconfiture du mari ou de la dissolution du
mariage que commence à courir la prescription
de ces deux actions contre la femme à laquelle
elles appartiennent.

CHAPITRE III.

DU SÉNATUS-CONSULTE VELLÉIEN.

Il est impossible, lorsqu'on traite des rapports du mari et de la femme, de ne pas dire quelques mots du célèbre sénatus-consulte Velléien (1). Sans doute l'application de ce sénatus-consulte n'était pas limitée au mari et à la femme, car il disposait d'une manière générale; mais à l'origine il n'en avait pas été ainsi.

Nous apprenons par les textes de droit que des édits d'Auguste et de Claude avaient défendu aux femmes de s'engager pour leurs maris.

Cette défense se justifie aisément. L'on comprend en effet qu'un mari qui a besoin de crédit use de l'influence qu'il peut avoir sur sa femme, pour lui faire prendre, en sa faveur à lui, des engagements dangereux pour elle et dont elle pourrait aisément ne pas prévoir les conséquences. Or c'est justement de la part des maris endettés ou aventureux dans leurs spéculations que ces tentatives sont à craindre. De plus c'est sur les épouses

(1) L. II, *Præ.* D. *ad s.-c. Vell.*

les plus dévouées qu'elles réussissent : le sénatus-consulte Velléien ne s'annonce pas comme une innovation, car il dit : « *Ita jus ante dictum esse videtur.* »

Plus tard on généralisa la défense : les femmes ne purent s'engager pour qui que ce fût, et l'on ne distingua pas si elles étaient mariées ou non ; telle fut la règle établie par le sénatus-consulte Velléien, dont le texte nous a été conservé.

Voici le texte de ce sénatus-consulte :

Quod Marcus Silanus et Velleius Tutor consules verba fecerunt de obligationibus fœminarum quæ pro aliis reæ fierent, quid de ea re fieri oportet, de ea re universi ita censuerunt : « Quod ad fidejussiones et mutui dationes pro aliis quibus intercesserint fœminæ pertinet, tametsi ante videtur ita jus dictum esse ne eo nomine ab his petitio fiat, neve in eas actio detur, quum eas virilibus officiis fungi, et ejus generis obligationibus obstringi non sit æquum : arbitrari senatum recte (eos) atque ordine facturos, ad quos de ea re in jure aditum erit, si dederint operam ut in ea re senatus voluntas servetur. »

Attendu que Marcus Silanus et Velleius Tutor, consuls, ont soumis, concernant les obligations des femmes qui se constitueraient débitrices pour d'autres, une proposition réglant ce qu'il faut décider à cet égard, il a été ainsi statué après délibération : « En ce qui touche les fidéjussions et les emprunts pour d'autres, par lesquels les femmes intercéderaient, quoique déjà auparavant le droit semble avoir été fixé en ce sens que l'on ne donne contre elles ni action réelle, ni action personnelle, puisqu'il n'est pas convenable que les femmes remplissent des charges viriles et soient liées par des obligations du même genre, le sénat estime que ceux devant lesquels on se présentera en justice en pareil cas agiront sagement et régulièrement en veillant à ce que la volonté du sénat sur ce point soit observée. »

La date précise de ce sénatus-consulte nous est restée inconnue. Pothier nous dit : « Il est seulement constant qu'il n'est pas antérieur au temps de Claude, ni postérieur à Vespasien, puisque Cassius l'a cité, lequel Cassius est mort sous Vespasien. » Du reste les noms des consuls Marcus Silanus et Velleius Tutor ne se trouvent pas dans les fastes. Les jurisconsultes romains attachaient évidemment peu d'importance aux dates des lois; car il est assez rare qu'ils les indiquent.

Le sénatus-consulte Velléien se fonde sur ce qu'il paraissait déjà admis dans la pratique que les engagements ainsi pris par les femmes pour autrui resteraient sans effet contre elles. Il ajoute qu'il n'était pas équitable ou plutôt peut-être qu'il ne convenait pas que les femmes remplissent des fonctions destinées aux hommes.

Cette considération tendrait à faire croire que les auteurs du sénatus-consulte avaient moins pour but de protéger la femme contre un entraînement irréfléchi qui la porterait à rendre un service dangereux pour son patrimoine, qu'à l'empêcher de se produire au dehors, d'intervenir dans les affaires d'intérêt, et à l'amener ainsi à se renfermer dans son intérieur; cette réserve a pu paraître plus convenable à son sexe et favorable aux bonnes mœurs. Il en est qui voient d'ailleurs dans ces motifs inroqués par le sénat le désir de détruire ou du moins d'amoindrir l'influence des femmes.

Quoi qu'il en soit, la jurisprudence et la doctrine virent plutôt dans la disposition du sénatus-consulte une mesure toute de protection établie dans l'intérêt de la femme (1).

L'acte contre lequel le sénatus-consulte Velléien protégeait les femmes est celui qui porte en droit romain la dénomination spéciale d'*intercession*.

Il faut comprendre sous cette expression tout acte par lequel une personne s'engage personnellement ou engage ses biens pour l'intérêt d'autrui.

Voici les cas les plus ordinaires :

1° L'on garantit la dette de quelqu'un, avec lequel on se trouve ainsi obligé :

On est *adpromissor*.

2° L'on donne mandat à quelqu'un de faire un prêt à un tiers ; car on répond alors envers le prêteur de la restitution de la somme prêtée :

On est *mandator pecuniæ credendæ*.

3° L'on se charge de la dette d'un autre, en le dégageant par là de son obligation :

On est *expromissor*.

4° L'on convient avec le créancier de lui payer la dette d'autrui (*constitut.*).

5° L'on constitue une hypothèque ou l'on donne un gage pour la dette d'autrui.

(1) L. 11, § 9 et 3, D. *ad s.-c. Vell.*

Tous ces actes, lorsqu'ils émanaient d'une femme, tombaient sous l'application du sénatus-consulte Velléien.

Lors, au contraire, que la femme faisait un payement pour autrui, le payement était valable ; c'est ce que nous avons déjà fait observer, et nous en avons donné cette raison, que la femme pouvait se laisser plus facilement entraîner à s'engager ou à engager ses biens pour autrui, qu'à se dessaisir actuellement.

Par la même raison, la femme pouvait déléguer son débiteur, faire une donation, renoncer à une hypothèque, pourvu, bien entendu, que ce ne fût pas pour céder son rang d'antériorité à un autre créancier de son débiteur ; car, en ce dernier cas, elle aurait agi dans l'intérêt de ce créancier, ce qui serait une intercession.

La femme ne pouvait invoquer le bénéfice du sénatus-consulte Velléien contre un tiers, lorsqu'elle l'avait trompé. Ce n'est pas la fraude que l'on veut protéger : c'est la faiblesse et l'incapacité.

Le sénatus-consulte Velléien entraînait cette conséquence, expressément indiquée par ses termes mêmes, que l'on ne donnait pas d'action contre les femmes en vertu de leurs actes d'intercession.

Quelquefois l'action était donnée, mais c'était alors avec l'exception tirée du sénatus-consulte. Pourquoi cette différence existait-elle ? Elle tenait aux circonstances de l'affaire et à la physionomie qu'avait pu prendre le débat devant le magistrat. Car, lors par exemple que les parties n'étaient pas d'accord sur le point de savoir si l'acte de la femme concernait son intérêt ou bien l'intérêt d'autrui, il fallait bien donner l'action avec l'exception, afin de réserver les moyens respectifs pour l'instance devant le juge; tandis que, s'il eût été constant et reconnu devant le magistrat que l'acte intéressait autrui, et n'était pas d'ailleurs excepté par quelque principe de l'application du sénatus-consulte, l'action était refusée; car toute instruction ultérieure devenait inutile. Telle était en effet la règle ordinaire en ce qui concernait les attributions respectives du magistrat et du juge.

La femme pouvait invoquer le bénéfice du sénatus-consulte Velléien, non-seulement au début des poursuites, mais même après condamnation, ce qui était une règle spéciale; car les autres exceptions, même celles que l'on appelait perpétuelles, devaient être invoquées avant la sentence du juge.

Bien plus, lorsqu'elle avait payé en vertu d'un engagement pris contrairement au sénatus-consulte Velléien, elle pouvait répéter, pourvu toutefois qu'elle eût payé par erreur de droit; mais cette erreur suffisait, tandis qu'il ne paraît pas que les hommes pussent invoquer en matière de payement indû une autre erreur que celle de fait.

Le sénatus-consulte Macédonien, par exemple, ne donnait pas au fils de famille ou au père le droit de répéter les sommes prêtées : il différait en cela du sénatus-consulte Velléien ; mais c'est que le sénatus-consulte Macédonien invalidait le prêt en haine du prêteur et non pour favoriser les fils de famille qui eux-mêmes ne méritaient aucun intérêt.

Le bénéfice du sénatus-consulte Velléien n'était pas exclusivement personnel à la femme et pouvait être invoqué par les héritiers de la femme, ainsi que par ceux qui avaient garanti son obligation. Cette règle se justifie bien pour le cas où le fidéjusseur devait avoir, en cas de payement, un recours contre la femme ; car alors faire payer le fidéjusseur, c'est faire payer la femme indirectement ; mais on admet cette décision même au cas où le fidéjusseur voulait faire donation à la femme, puisque celle-ci n'est pas tenue de payer (1).

Ce sont encore là des règles qui n'avaient pas lieu dans le cas d'un prêt fait contrairement au sénatus-consulte Macédonien (2).

Lorsque la femme s'était bornée à garantir la dette d'autrui, le créancier restait simplement dans la position où il se trouvait avant que la femme lui donnât cette garantie. Si la femme s'était chargée

(1) L. XVI, § 1, *ad s.-c. Vell.*
(2) L. IX, § 3, D. *de s.-c. Maced.*

do l'obligation (par expromission), on restituait
au créancier son action contre son débiteur primitif; car l'équité ne permettait pas que le créancier
fût en perte, alors que le débiteur eût fait un gain.

Justinien décida que, lorsque deux ans après
l'acte d'intercession la femme majeure de vingt-
cinq ans aurait confirmé cet acte, le sénatus-consulte serait inapplicable (1).

Mais nous retrouvons dans la législation de ce
prince une règle spéciale aux rapports de la
femme avec le mari. Par sa novelle 134, chapitre VIII, il déclara nulle l'intercession de la
femme pour son mari, lors même que la femme
l'aurait ratifiée, cette ratification eût-elle été plusieurs fois réitérée.

Cette règle était conforme à l'idée dominante de
ce prince, qui voulait protéger les femmes contre
la faiblesse qu'elles lui paraissaient avoir vis-à-vis
de leurs maris.

Justinien valida les intercessions pour lesquelles
la femme recevrait une rémunération (2), les con-
stitutions de dot que ferait une femme pour une
autre (3), l'obligation que contracterait une femme
de donner une somme pour l'affranchissement
d'un esclave (4).

(1) L. XXII, C. *ad s.-c. Vell.*
(2) L. XXIII, C. *ad s.-c. Vell.*
(3) L. XVI, § 1 *ad s.-c. Vell.*
(4) L. *ult. C. cod. t.*

DROIT FRANÇAIS

TITRE PREMIER

DE LA SITUATION DES FEMMES DANS LES ANCIENNES SOCIÉTÉS.

Dans les premiers temps de Rome, les citoyens toujours en armes conservaient dans la famille et près du foyer leur esprit de conquérants; ils traitaient la femme en sujette. D'après la légende, les fondateurs de Rome s'étaient emparés des Sabines comme d'un butin; la femme, ainsi que les enfants, était soumise au *paterfamilias :* elle n'avait pas de capacité; elle était sous la tutelle de son père ou de son mari.

A Athènes, la femme n'était pas moins incapable; reléguée durant toute sa vie au fond du gynécée, elle restait étrangère à toute affaire; elle était aussi en minorité perpétuelle; mais les mœurs de la Grèce avaient si bien adouci la tutelle protectrice du père ou de l'époux que toute ressemblance avait disparu entre cette institution et le pouvoir dominateur du *paterfamilias* romain. La femme était, dans certains cas, préférée à tout autre créancier pour le recouvrement de sa dot : une hypothèque et un privilége en assuraient encore la restitution (1).

Nous avons déjà vu comment peu à peu les institutions romaines se modifièrent; à mesure que les mœurs se relâchaient, la sévérité des lois ne leur convenait plus et cédait à leur influence. D'un autre côté, une voix nouvelle s'était fait entendre : c'était celle du christianisme qui, par la plus belle inspiration de son génie, avait proclamé l'égalité complète des deux sexes : le bien et le mal travaillaient donc ensemble à l'indépendance et à la capacité absolue de la femme. Cette œuvre fut arrêtée par l'invasion des barbares qui se jetèrent sur l'Europe. Ce fut alors que commença cette longue nuit du moyen âge, dont nous sortons à peine.

Mais ces peuples barbares avaient aussi leur droit ou plutôt leurs usages : il rentre dans notre sujet de dire quelques mots du rôle de la femme dans ces sociétés qui, en mouvement pendant quelque temps, s'établirent bientôt d'une façon définitive sur les contrées qu'elles avaient envahies.

Chez les Germains, la femme était sous le *mun-*

____

(1) Gide, p. 93. *Lex c.* Seguier (Bekker, *Incedota*), p. 201.

dium de ses parents ou de son époux ; elle y restait toute sa vie. *Manus* et *mundium* (mund, hand, main) sont le même mot dans deux langues diffé-rentes : « La femme dans l'ancienne Rome, dit M. Gide, avait l'espoir de sortir un jour de la puis-sance paternelle ou maritale, et de passer sous le joug moins pesant de la tutelle. Chez les Ger-mains, au contraire, l'incapacité de la femme étant une suite nécessaire de son impuissance à porter les armes, c'est-à-dire de son sexe même, ne pouvait jamais ni disparaître ni s'amoindrir. » Ce qui distinguait surtout le *mundium* de la *ma-nus*, c'est que le premier n'appartenait pas à un seul individu, mais au conseil de la famille ger-maine (1); celle-ci formait une association indé-pendante, dont tous les membres se devaient aide et protection (2). Ce n'était nullement le pouvoir uni-que du *paterfamilias*. La rigueur de ces lois était si heureusement corrigée par le respect du Ger-main pour la femme, que celle-ci était en réalité plus libre et plus considérée que la matrone ro-maine.

Les textes retrouvés par les érudits nous ap-prennent que la femme figurait dans la famille, qu'elle avait sa part de biens égale à celle des au-tres membres qui la composaient. Son incapacité

(1) Gide, p. 223.
(2) Tacite : *univers i domus*.

consistait seulement en ceci, qu'elle ne pouvait pas agir par elle-même, que l'un de ses proches choisi par elle, ou son mari, si elle avait contracté mariage, la représentait, tenait sa place et agissait en son nom. La famille dotait la fiancée et certaines précautions pouvaient être prises contre le mari dissipateur de la dot : de son côté le fiancé achetait sa fiancée, mais il paraît que ce prix était symbolique (1).

Dans l'Europe occidentale, les institutions germaniques ont été rapidement altérées par le contact du droit romain. Pour les reconnaître dans leur pureté et les étudier, il faut les rechercher dans les codes de la Scandinavie, où l'esprit de Rome n'a pu pénétrer. Nous y voyons le mari maître de la dot, qui tombe elle-même dans une sorte de communauté : le droit de la femme se traduit en une espèce de gain de survie, comme l'indique M. Gide dans son étude sur la condition privée de la femme. On ne trouve ni dans ces lois, ni dans la *common-law* anglaise aucune disposition qui rappelle la prohibition du sénatus-consulte Vélléien.

DE LA PUISSANCE MARITALE DANS NOTRE ANCIEN DROIT.

Nous ne saurions traiter ici d'une façon complète le sujet de ce titre : nous retrouverons dans

(1) Tacite, 20.

la discussion du code Napoléon les éléments de droit qui s'y rattachent. Notre but est d'arriver en quelques mots jusqu'à l'époque où la France a cessé d'être régie par ces innombrables coutumes qui rendaient l'étude du droit si difficile.

Dans les pays de droit écrit, le droit romain ne cessa pas d'être appliqué. Le mariage libre fut universellement adopté : la femme ne tombait pas sous la main de son mari; cela avait entièrement disparu : la femme avait capacité pour disposer de ses biens paraphernaux, et l'article 9 de l'ordonnance de 1731 exigea le consentement du mari pour toute donation faite à la femme. Tous les biens qui n'avaient pas été constitués en dot étaient considérés comme paraphernaux.

Le fonds dotal, soumis d'abord à la loi Julia, fut régi plus tard par les lois de Justinien : il devint inaliénable, et on accorda à la femme les mêmes garanties de restitution.

Il ne faudrait cependant pas croire que les pays de droit écrit ne furent à aucune époque envahis par les idées du droit coutumier. Nous trouvons une déclaration royale de 1664 qui déclare aliénables les immeubles dotaux du Lyonnais, du Forez, du Beaujolais et du Nivernais : dans des contrées plus méridionales encore, une institution analogue au douaire s'était introduite sous le nom d'*augment de dot*.

Dans les pays coutumiers, la puissance du mari sur la personne de sa femme était presque absolue. Desmares nous donne la décision suivante : « Une femme mariée en pays coutumier ne peut être en garde d'autres que de son mari. (1) »

La conséquence naturelle du pouvoir du mari sur la personne de la femme, c'était un pouvoir à peu de chose près aussi grand sur ses biens. Nous lisons dans les Établissements de saint Louis : « Nulle femme n'a réponse en cour laïque, puisqu'elle a seigneur. » La femme mariée ne pouvait donc ester en justice sans l'autorisation de son mari; les règles de l'autorisation étaient, dans l'ancien droit, très-rigoureuses. Tiraqueau nous dit : *Ideo expresse auctoritas interponi debet; ut quando si requiritur, non sufficit simpliciter consentire, sed, sicut sonat verbum, debet auctoritas præstari.* Le concours du mari dans l'acte ne suffisait pas.

Le consentement du mari fut d'abord indispensable; plus tard le droit commun s'inspira de la coutume du Nivernais, qui permettait à la justice d'autoriser la femme au refus du mari.

On aurait tort de penser que la puissance maritale était conçue dans le même esprit à l'époque où les coutumes n'étaient encore que le développement des idées germaniques, et à celle qui a suivi, où le droit romain était venu se fondre dans

(1) Desmares, décision 290.

ce premier élément. Sorties du chaos indigeste des lois germaines et incessamment modifiées par l'usage, les coutumes se laissèrent envahir peu à peu par le droit romain qui prit une place définitive dans leur rédaction. C'est de ce mélange d'institutions que devait se dégager plus tard le code Napoléon, proclamant cette contradiction de la capacité civile de la femme hors du mariage et de l'infirmité de son sexe dans les liens du mariage. Loysel nous apprend que, dans l'enfance des coutumes, l'incapacité de la femme n'avait été établie que dans l'intérêt du mari, et que l'on ne songeait pas, en cas d'absence ou d'incapacité de celui-ci, à demander l'autorisation de la justice : la femme retrouvait alors toute sa capacité : le mari mineur pouvait autoriser sa femme et cette autorisation était suffisante : mais quand l'influence des lois romaines qui avaient mis la femme en tutelle perpétuelle et particulièrement celle du sénatus-consulte Velléien se firent sentir, on protégea celle-ci dans tous les cas contre son ignorance des affaires et la justice suppléa le mari.

Nous retrouverons dans notre étude du code Napoléon la plupart des règles qui concernaient la puissance maritale, et cela nous défend de nous arrêter plus longuement sur cette législation dont nous venons de montrer les caractères principaux, et qui n'a été abolie en réalité que par le code, car excepté le douaire qui fut supprimé comme contraire aux nouvelles lois de succession, la Révolution conserva les principes qui régissaient la puissance maritale.

CODE NAPOLÉON

C'est sous le chapitre VI du titre du Mariage au code Napoléon que nous trouvons les règles de la puissance maritale ; ce chapitre est intitulé : *Des Droits et des Devoirs respectifs des époux*. Nous allons en étudier et en expliquer les textes.

Les époux, dit l'article 212, se doivent mutuellement fidélité, secours, assistance.

D'après l'article 214, la femme est obligée d'habiter avec le mari ; c'est pour elle un devoir absolu : il n'en pouvait être autrement ; la vie commune n'est-elle pas le moyen d'arriver à toutes les fins du mariage? La loi a très-nettement précisé cette obligation qui découle du droit naturel : sur ce point, le pouvoir d'appréciation des tribunaux est étroitement limité.

Quand le conseil d'État fit la proposition d'accorder à la femme le droit de ne pas suivre son mari à l'étranger, le Premier Consul la repoussa avec vivacité et il fut décidé que, quelque part que le mari allât, la femme devait le suivre. « La femme, avait dit Pothier, doit plus à sa patrie qu'à son mari et celui-ci ne peut pas la contraindre à le suivre dans l'émigration. » Au contraire, d'après le Code civil, le devoir d'obéissance ne comporte pas de distinctions : la loi seule est au-dessus du mari et peut, en défendant l'émigration, donner à la femme le droit de résister à la volonté maritale; telle est l'opinion de tous les jurisconsultes qui ont traité ce sujet (1).

Ainsi donc si le mari quitte sa patrie, soit pour chercher fortune ailleurs, soit pour fonder au lointain un établissement définitif, sa femme doit l'accompagner; nous ne pensons pas, comme M. Demolombe, que les tribunaux puissent dispenser la femme de ce devoir pour des raisons de santé; une immixtion de ce genre dans les affaires du ménage porterait atteinte à la puissance maritale et la mettrait trop souvent en question. Que le mari doive protection à sa femme, cela est hors de doute; mais si la santé de sa femme n'a pas souffert il n'a pas encore manqué à son devoir, et c'est à lui seul qu'il appartient de l'observer. Le texte de l'article 214 du Code civil est conçu en termes très-larges : la femme, dit-il, doit suivre son mari partout où il juge à propos de résider.

Mais il n'y a pas de discussion sur le droit des

(1) Delvincourt, Dalloz, Duranton, Toullier, Proudhon, Bugnet sur Pothier, Demolombe.

tribunaux d'accorder à la femme une résidence séparée quand son mari exerce une profession déshonorante ou entretient une concubine; dès que le fait honteux ou l'outrage existe, dès que la protection morale fait défaut, le tribunal peut intervenir, et sur ce point personne n'élève de contestation.

C'est avec raison aussi que MM. Massé et Vergé permettent à la femme de ne pas suivre un mari qui n'a pas même une résidence et dont l'existence se passe en voyages continuels, en une sorte de perpétuel vagabondage; mais si les époux étaient sans ressources, la femme serait tenue d'habiter avec son mari, même chez les parents de celui-ci.

L'obligation de la résidence commune subsiste même après la séparation de biens : celle-ci, en effet, qui établit un nouveau régime de biens, ne porte atteinte à aucun des droits des époux : non-seulement tous les devoirs de fidélité, de secours et d'assistance sont maintenus, mais ils puisent dans la séparation pécuniaire une nouvelle force morale, qui vient de l'état précaire de la fortune du mari. Quand la femme a sauvé son patrimoine, en sacrifiant celui de son conjoint, il est juste qu'elle lui prodigue les soins et les secours de chaque instant, que la vie commune seulement la met en état de lui donner.

Au contraire, par la séparation de corps, comme

l'indique l'expression même, la vie commune prend fin : elle cesse alors de droit par le jugement de séparation, et, en fait, presque toujours à la date de la demande, sur l'autorisation accordée par le président du tribunal.

Mais, si la femme refuse de suivre son mari, quelle sera la sanction de la loi?

Il en a été indiqué de diverses sortes :

Le premier et le plus énergique moyen que la loi aurait pu mettre à la disposition du mari délaissé, c'est l'emploi de la force : il s'est élevé de grandes et longues controverses sur cette question devenue célèbre par sa singularité. Arrêts et docteurs interprètent le silence du code en sens fort divers, les uns permettant au mari de requérir par ordre du tribunal la *manus militaris*, les autres n'admettant pas que celui-ci soit autorisé à faire ainsi réintégrer le domicile conjugal.

Pour soutenir que le mari ne peut demander l'emploi de la force à la puissance publique, on lui oppose l'article 1142 du Code civil, qui dit que toute obligation de faire ou de ne pas faire se résout en dommages-intérêts, en cas d'inexécution de la part du débiteur. La femme qui refuse de suivre son mari ne contrevient-elle pas à une obligation de faire? et dans l'hypothèse réciproque où le mari refuse de recevoir sa femme, la condamnation de payer une certaine somme n'est-elle pas presque toujours le seul moyen de recours contre lui? Ramener la femme et la tenir de force au domicile conjugal, n'est-ce pas une sorte de contrainte par corps, et l'article 2163 ne défend-il pas ce moyen d'exécution dans tous les cas qui ne sont pas formellement prévus par la loi? Du reste, depuis que la loi de 1867 a aboli la contrainte par corps en matière civile, sur quel texte s'appuierait-on pour appréhender la personne de la femme et la maintenir par violence en chartre privée? Si pour interpréter les textes on a recours à la logique, n'est-il pas évident que la femme amenée par force songera à fuir de nouveau; qu'à moins de la tenir dans une sorte de séquestration perpétuelle qui serait une atteinte à la liberté de sa personne, on n'aura rien fait? Et si encore ce n'était qu'une tentative avortée! Mais un grand scandale aura été produit; le mari deviendra plus odieux; la dissension des deux familles sera augmentée; tout ce bruit compromettra l'avenir des enfants et rendra la séparation inévitable. Qu'on ne dise pas non plus que les tribunaux ont un pouvoir d'appréciation et qu'ils useront modérément de leur droit : la requête fera scandale autant que la force employée. La seule sanction indiquée dans les travaux préparatoires c'est le refus d'aliments, et il y a certes là de quoi retenir la femme (1).

(1) Duranton.

Si quelque chose peut démontrer toute la difficulté de cette question, c'est que la valeur de ces arguments n'a pas suffi pour convaincre la majorité des auteurs. Cette première opinion nous paraît aussi devoir être repoussée.

Nous ne pensons pas qu'on ait avec quelque raison porté la discussion sur le terrain de la contrainte par corps : sans doute elle ne pourrait pas être employée contre la femme, mais est-ce qu'il s'agit de cela ? La contrainte par corps, ce n'est pas un moyen de payement, c'est une intimidation; au contraire, par la réintégration forcée du domicile conjugal, nous obtenons l'exécution entière de l'obligation : la femme n'est pas conduite dans une prison, elle est ramenée chez elle où elle est libre, pourvu qu'elle y reste, où elle est aux prises avec ses devoirs et en possession de tous ses droits. La loi ne l'autorise pas à se dire en prison, alors qu'elle est chez son mari.

Est-on plus fondé à offrir l'exécution de ce devoir conjugal par dommages-intérêts? Si considérables que soient ceux-ci, la femme n'aura-t-elle pas souvent des moyens d'existence que le mari ne pourra lui ravir, qu'ils viennent de sa famille ou d'ailleurs? Nous ne pensons pas qu'on puisse condamner un mari à oublier, moyennant une certaine somme, ses droits d'époux et souvent ses droits de père ; triste législation que la nôtre, si elle contenait une pareille idée! Avant d'examiner si l'emploi de la force serait un grand scandale, comme l'affirment les partisans de la première opinion, disons tout de suite que le moyen pécuniaire qu'ils proposent est encore plus scandaleux, qu'il est vraiment odieux.

De sorte que sans l'emploi de la force nous nous trouvons dans l'impuissance absolue d'obtenir l'exécution de celui des devoirs conjugaux qui est le plus important, qui constitue l'essence même du mariage, car le droit de refuser des aliments et ses corollaires, dont nous parlerons bientôt, sont insuffisants.

Eh bien! ou le droit du mari est illusoire, ou il peut faire cesser par la force publique la réparation que la volonté de sa femme a seule décidée.

Y a-t-il là, en vérité, un si grand scandale? Presque toujours la femme ainsi menacée rentrera d'elle-même, elle réintégrera sans bruit le domicile conjugal, et même quand elle y aurait été ramenée malgré sa volonté, elle ne s'exposera pas à être une seconde et une troisième fois l'objet d'une pareille mesure. Il n'est pas besoin d'avoir fait une longue étude du cœur humain et des sentiments qui peuvent l'agiter pour penser que, dans presque tous les cas, la femme, revenue chez son mari, y restera sans effort, et que la volonté de celui-ci nettement affirmée amènera souvent une réconciliation immédiate que toutes les demi-mesures seraient impuissantes à produire.

La loi fait-elle vraiment défaut? c'est à cela qu'est ramenée la question. Notre savant professeur, M. Valette, a réduit l'argument de l'article 1142, invoqué dans la discussion adverse, par cette observation que les articles 1143 et 1144 permettent au créancier d'obtenir l'exécution même de l'obligation, toutes les fois que cela est possible. Aussi, après avoir remarqué qu'il n'y a dans notre hypothèse aucune relation de créances, n'hésite-t-il pas à accorder au tribunal le droit d'apprécier les faits et d'ordonner, s'il y a lieu, l'emploi de la force publique (1).

Telle est aussi la jurisprudence de la cour de Paris, qui offre au mari ce moyen par une simple ordonnance de référé, permettant au juge de paix de faire l'invitation formelle de réintégrer le domicile conjugal, après quoi force reste au jugement.

Le mari délaissé a-t-il contre sa femme d'autres armes que celle-là?

Qu'on ait osé soutenir qu'il pouvait demander contre sa femme la déchéance de sa dot, il y a assurément là de quoi nous étonner : a-t-on voulu

(1) Delvincourt, Marcadé, Valette, Dalloz, Massé et Vergé sur Zachariæ, Aubry et Rau. Cass. 9 août 1826. — Pau, 11 mars 1863.

faire une large application des dommages-intérêts qu'en principe nous repoussons, ou n'est-ce qu'une confusion du droit de la femme sur la dot dans notre législation avec son droit sur le douaire dans l'ancienne, c'est ce que nous ne chercherons pas, ce moyen nous paraissant de tout point illégal et immoral (1).

Mais nous n'hésitons pas à dire que, pendant tout le temps que le domicile conjugal est déserté, le mari a le droit de refuser des aliments à sa femme ; qu'en conséquence il peut refuser de payer les dettes qu'elle contracte, publiquement absente; qu'il peut même faire saisir les revenus des biens dont sa femme a la jouissance; ce sont là des mesures protectrices de son droit, des mesures conservatrices, dont, en définitive, la femme n'aura pas à souffrir et à ces divers titres tout-à-fait légales (2).

La nécessité d'assurer l'exécution des devoirs conjugaux s'impose à notre esprit avec une si grande force, que, contrairement à l'opinion de savants auteurs, nous ne permettrions pas à la femme, éloignée sans raison de son mari, d'intenter contre celui-ci une demande en séparation de biens; il y a là, selon nous, une fin de non-rece-

---

(1) Dans beaucoup de coutumes et spécialement dans celles de Normandie et d'Anjou, la femme était privée de son douaire, quand elle n'habitait pas avec son mari au moment du décès de celui-ci.

(2) Delvincourt, Dalloz, Massé et Vergé. — *Contra*, Duranton.

voir; si l'intérêt de la femme se peut justifier, il obtiendra satisfaction, dès qu'elle le voudra (1).

Le droit du mari ainsi assuré, voyons comment celui de la femme peut être garanti.

L'article 214 ordonne à la femme de suivre son mari partout où il juge à propos de résider : le même article ajoute : « Le mari est obligé de la recevoir. » Mais s'il ferme à sa femme les portes de son habitation, s'il la repousse quand elle vient à lui, la justice doit protection à celle-ci : elle peut lui faire ouvrir par la force les portes du domicile ou condamner le mari à lui fournir des aliments. Par application de ce principe, le conseil d'État a autorisé une femme de militaire retraité à saisir une partie de la pension de son mari, tant que celui-ci la laisserait dans l'abandon (2).

Ainsi les époux doivent avoir le même domicile et la même résidence; nous allons voir que, sauf quelques rares exceptions, ils ont aussi la même nationalité. La loi française veut que la femme suive toujours la condition de son mari. Dans une dissertation très-remarquable, M. Blondeau a soutenu que la femme française qui épouse un étranger ou la femme étrangère qui épouse un

---

(1) Demolombe.

(2) Avis du conseil d'État du 22 déc. 1807. Dalloz, Valette sur Proudhon, Delvincourt, Aubry et Rau sur Zachariæ.

Français peut conserver sa nationalité : il ne croit pas qu'une question d'ordre public soit engagée par cette réserve faite dans le contrat de mariage. C'est donc, selon lui, une convention permise, et la loi, en posant le principe contraire, n'a fait qu'interpréter la volonté probable des époux. Cependant le texte légal est formel et nous croyons que le savant jurisconsulte s'est mépris, car il y avait là, aux yeux du législateur de 1804, une question politique d'une grande importance et sur laquelle il n'a dû permettre aucune transaction.

Mais il ne faudrait pas aller jusqu'à croire que, pendant le mariage, le mari peut, en changeant de nationalité, changer celle de sa femme : elle conserve celle qu'elle a acceptée par son union.

L'amour de la patrie est un sentiment naturel que les deux sexes ressentent avec la même vivacité.

DE LA PUISSANCE DU MARI SUR LES BIENS DE LA FEMME

—

CHAPITRE PREMIER

INCAPACITÉ CIVILE DE LA FEMME

Après l'étude des devoirs moraux que le mariage fait naître entre les époux, et celle des droits du mari sur la personne de sa femme, quelle que soit la législation dont on s'occupe, on se trouve en présence d'un ensemble de dispositions qui dérogent au droit commun, en diminuant la capacité de la femme et en étendant celle du mari jusque sur une partie des biens de celle-ci. Ce sont ces dispositions qui forment, à proprement parler, la puissance maritale sur les biens.

Quelles sont les raisons qui l'ont fait établir ?

Cette question se place d'elle-même avant toutes les autres ; il n'est pas besoin d'en faire ressortir l'importance capitale, tant au point de vue historique que pour l'interprétation des textes qui se présenteront à notre examen. Lebrun remarque que sa solution est d'autant plus nécessaire, qu'elle jettera un grand jour sur les difficultés de la matière, et selon que nous adopterons un avis ou l'autre de ceux que nous allons rechercher, nous serons amené plus tard à certaines décisions, conséquences de notre point de départ.

Un grand nombre d'anciens auteurs, dont Merlin nous a conservé les opinions, pensaient que la puissance maritale avait été instituée uniquement dans l'intérêt de la femme, ce qui se résumait par ces mots du Digeste : *propter infirmitatem et imbecillitatem sexus*. Pour justifier leur système, ces jurisconsultes exposaient un tableau historique des législations anciennes. Les peuples les plus policés de l'antiquité considéraient la femme comme une personne incapable des actes de la vie civile : à tout âge, elle était pourvue d'un tuteur; la faiblesse morale de son sexe lui interdisait de s'obliger à titre onéreux, et la pudeur lui défendait d'accepter ou de faire des donations : fille, elle était sous la tutelle de la famille ; épouse, sous celle du mari. L'incapacité de la femme serait une condition d'ordre public, fondée sur ces raisons tirées de sa faiblesse. Ces idées auraient passé dans nos lois avec l'adoucissement que la religion chrétienne, le temps et les mœurs leur ont apporté ; mais les intérêts matrimoniaux ne pourraient pas justifier une telle diminution de capacité personnelle, et le droit du mari ne serait qu'une protection établie en faveur de la femme lésée. C'est ce que la coutume d'Arras résumait avec netteté par ces mots : « Femme mariée n'a vouloir ni noloir. »

Assurément, dans l'ancien droit, après l'introduction des idées romaines dans les lois germaniques, cette opinion pouvait avoir ses partisans; mais, sous l'empire du Code civil, il nous paraît impossible de nous y rallier, parce qu'elle est en contradiction formelle avec l'ensemble des droits accordés aux femmes. La tutelle des femmes est une institution oubliée qui a succombé sous les coups incessants que lui portèrent les progrès de la civilisation. Leur incapacité personnelle est une idée vieillie qui s'efface peu à peu dans les lois. Notre code leur accorde pour la gestion de leurs biens des droits égaux à ceux de l'autre sexe, et ce n'est plus que par le mariage qu'elles les voient amoindris : au point de vue civil, le mariage seul établit la prédominance de l'homme, et si, comme nous le verrons dans le cours de cette étude, la loi n'avait pas accordé à la femme l'action en nullité des actes qu'elle a passés sans autorisation, tout nous porterait à croire que la faiblesse du sexe n'aurait été pour rien dans l'établissement de la puissance maritale : nous penserions que l'esprit de nos législateurs était généreusement affranchi de ces idées d'un autre temps; mais le texte existe, et nous n'avons, après avoir exprimé le désir de le voir abrogé, qu'à constater que le *propter infirmitatem sexus* est une des causes de la puissance maritale, telle que nos lois l'ont établie.

Mais à nos yeux la raison prépondérante, celle qui l'a emporté par les grands intérêts sociaux et moraux qu'elle met en jeu, et qui s'était déjà fait une large place dans notre ancien droit, c'est la nécessité des pouvoirs du mari, chef naturel de la société conjugale. Quand, par le mariage, deux personnes se sont unies pour s'assurer protection et bonheur, celle à qui n'appartient pas la direction des intérêts pécuniaires ne peut pas être admise à intervenir dans les affaires. Par le mariage la femme a donné démission de sa capacité. Quel serait le pouvoir du mari, s'il n'avait pas en main la gestion des biens, s'il ne pouvait pas créer ou maintenir cette fortune sur laquelle il compte pour subvenir aux charges du mariage? Que deviendrait le devoir d'obéissance que la nature elle-même impose à la femme, si elle pouvait au gré de ses illusions et de ses caprices détruire les projets du mari, mettre à néant ses efforts et le contre-carrer dans tous ses actes? Que de scandales et que d'intrigues autour du foyer conjugal! Quelle source de continuelles mésintelligences! Quel exemple pour les enfants! Que la puissance maritale disparaisse des lois et le mariage sans règle et sans lien ne sera plus qu'une union toujours troublée. Les intérêts du ménage menés en sens divers périront sans merci et la société elle-même sera menacée. Mais que le pouvoir du mari soit solidement assis, qu'il soit garanti par le devoir de la femme de s'abstenir de tout acte civil, devoir sévèrement sanctionné, et de suite ces innombrables associations qui s'appellent les familles et qui forment ensemble le corps social, fonctionneront régulièrement : si l'une d'elles, mal conduite, vient à périr, ce ne sera qu'un accident que le législateur est impuissant à conjurer.

Ces observations nous amènent précisément à dire que la puissance maritale est dans notre droit fondée sur ces trois idées : la faiblesse de la femme, le droit naturel du mari et la sauvegarde des intérêts matrimoniaux; cette troisième pensée du législateur se révèle de la façon la plus précise dans les différents articles où, à défaut du mari malveillant, empêché ou mineur, la loi permet ou ordonne l'intervention des tribunaux. Puisque l'idée d'association a engendré la puissance maritale, nous comprenons sans peine pourquoi la femme non mariée conserve ses droits civils dans toute leur étendue. Si notre opinion était rejetée, comment nous expliquerait-on que la femme mariée, qui a auprès d'elle un conseil dévoué et influent, soit frappée d'une incapacité relative, tandis que la fille majeure, souvent abandonnée à elle-même, serait capable de tous les actes?

Après avoir suivi la puissance maritale dans ses phases historiques et discuté les raisons qui l'ont maintenue dans nos lois, il nous faut voir ce qu'elle est dans l'état actuel du droit, quelle extension a été donnée au pouvoir du mari, et sous quelles conditions la femme peut retrouver sa capacité naturelle dont elle s'est démise par le mariage.

CHAPITRE II.

Dans ses explications sur la coutume de Nivernais, Guy-Coquille remarque que l'incapacité de la femme mariée est relative, que la femme est dans une espèce d'interdiction dont elle a besoin d'être relevée. Cette observation, qui est aussi vraie sous l'empire du code que sous le régime coutumier, peut nous servir de point de départ.

En principe, disons-nous, la femme mariée est incapable; mais cette incapacité n'est pas absolue. Il n'est jamais venu à l'esprit du législateur de laisser en souffrance pendant le mariage les intérêts des femmes. Pour faire bien comprendre de quelle manière il doit y être pourvu, nous pouvons définir ainsi leur situation juridique : la femme a une capacité qui a besoin d'être complétée par l'autorisation du mari; sans autorisation, elle ne peut rien; autorisée, elle peut tout; tel est le principe dont nous indiquerons les rares exceptions.

L'incapacité de la femme mariée a deux termes : l'étendue et la durée.

Son étendue se détermine par le régime pécuniaire auquel sont soumis les époux; tels actes, qui ne peuvent pas être passés sans autorisation par une femme commune en biens, peuvent l'être par une femme séparée.

Sa durée est exactement celle du mariage, et Proudhon dit avec raison que « la séparation de corps n'opérant point la dissolution du mariage ne relève pas la femme de son incapacité. » Cette doctrine, aujourd'hui universellement admise, a été consacrée par un arrêt de cassation du 6 mars 1827, prononçant la nullité d'un jugement rendu contre une femme séparée de corps dont le mari n'avait pas été assigné.

La femme a besoin d'être autorisée pour tous les actes judiciaires et aussi pour la plupart des actes extrajudiciaires.

Des contestations ont été soulevées sur quelques hypothèses que nous allons rapidement passer en revue.

L'article 490 du Code civil a fourni la première : l'un des époux, dit cet article, est recevable à provoquer l'interdiction à l'égard de l'autre. Est-ce là un droit sans limite, auquel le besoin d'autorisation pour la femme porterait atteinte? Nous ne le pensons pas. Les formalités auxquelles l'exercice d'un droit est soumis n'empêchent pas qu'il existe; nous entendons bien que ce n'est pas le mari qui, dans ce cas, pourra autoriser; mais la justice est là qui peut le remplacer, et c'est à elle qu'il y aura lieu de s'adresser. Est-il possible de laisser un pareil pouvoir dans les mains d'une femme qui pourra commencer une poursuite scandaleuse ou téméraire? Est-ce que la femme n'est pas incapable seule pour toutes les formalités qui précéderont la demande, pour toutes celles qui s'y rapporteront. Et qu'on ne dise pas que c'est là une pétition de principe : l'article 215 qui interdit à la femme d'ester en justice sans autorisation n'est-il pas aussi formel que l'article 490? La femme a besoin d'être autorisée pour poursuivre l'interdiction de son mari et aussi pour défendre à la sienne. C'est en ce sens que se prononcent la presque unanimité des auteurs et des arrêts (1).

Mais une question plus délicate s'est présentée : la femme a-t-elle besoin d'autorisation pour demander la nullité de son mariage? peut-on lui opposer son incapacité de femme mariée, quand elle prétend ne pas l'être? Il y a là une difficulté qui ne peut être vaincue que par les principes. Un arrêt de cassation du 21 août 1824 a dispensé une femme d'autorisation, parce qu'elle contestait le titre d'épouse. A notre avis, c'est un mal jugé; jusqu'à ce que la nullité soit prononcée, la présomption est pour la validité du mariage; cette

(1) Toulouse, 8 févr. 1823. — Delvincourt, Merlin, Valette, Cass. 21 nov. 1801. — *Contra*, Zachariæ.

présomption fait loi. On n'a pas assez remarqué dans l'opinion adverse que, si le mariage est maintenu, on arrivera à cette singularité, qu'une femme mariée aura plaidé sans autorisation, ce qui est interdit à peine de nullité du tout par l'article 215 ; et puisque, jusqu'au prononcé de la nullité, le mariage subsistera et produira tous ses effets, pourquoi celui-là serait-il seul évité? Ce serait mettre l'effet avant la cause (1).

Puisque la femme ne peut sans autorisation faire aucun acte judiciaire, elle doit être autorisée aussi pour paraître en conciliation ; c'est une des formalités de la procédure, une partie du procès.

S'il est interdit à la femme, sous quelque régime qu'elle soit mariée, marchande publique ou non, d'ester en justice sans autorisation, c'est que le législateur a pensé qu'on ne pouvait trop la prévenir contre la tentation de plaider. Car pour tous les actes qui, n'étant pas des donations, se présentent sous cet aspect que la femme ne peut jamais perdre à les faire, mais peut y gagner, pour tous ces actes, l'autorisation n'est pas nécessaire. Toutes les fois que la femme sans courir aucun risque protégera sa fortune, elle pourra agir seule. Nous pouvons citer parmi les actes qui sont permis à la femme, sans qu'elle ait besoin d'être

(1) Cass. 10 février 1851. — 21 janv. 1843. — Demolombe, Zacharie. — Contra, Cass. 21 août 1821.

autorisée, la transcription de son acte de mariage, celle d'une donation légalement acceptée, l'inscription de son hypothèque. Mais le tribunal de la Seine n'a-t-il pas été trop loin quand il a permis à une femme d'introduire sans autorisation une demande en référé?

Il est hors de doute aussi qu'une femme peut sans autorisation accepter une donation faite à son descendant; c'est là un droit de famille, un droit moral qui prend son existence dans le caractère d'ascendant et dans une présomption d'amour maternel, contre laquelle rien ne peut prévaloir. C'était déjà dans ce sens qu'était interprété l'article 7 de l'ordonnance de 1731.

La plupart de nos anciennes coutumes n'accordaient pas à la femme le droit de tester sans le consentement du mari; le code lui a rendu l'entière capacité de tester. Il a fait ainsi disparaître un abus flagrant de la puissance maritale, qui s'étendait par cette disposition jusqu'après la dissolution du mariage, et enlevait à la femme l'exercice d'un droit naturel et absolument personnel.

On a soutenu aussi que la femme n'a pas besoin d'autorisation pour plaider, quand une contestation litigieuse s'élève entre les deux époux. Exiger le consentement du mari, c'est, dit-on, annuler le droit de la femme. Demander celui de la justice, qui ne pourra pas refuser, c'est une inutile formalité; aussi dans les demandes en séparation de corps, est-ce le président qui permet de citer. Cette opinion ne nous paraît pas admissible. Sans doute la procédure de la demande en séparation exige une conciliation en présence du président du tribunal; mais outre que c'est là une procédure spéciale, il faut remarquer qu'elle est nécessaire aussi sur la demande du mari. Dans notre espèce, à défaut de l'autorisation maritale, pourquoi la justice ne pourrait-elle pas habiliter la femme à plaider ou refuser son consentement si la résistance lui paraît ridicule? C'est là une situation très-rationnelle et qui est dominée, comme toutes les autres, par les termes décisifs de l'article 215 (1).

Mais il y a un cas unique où la femme est dispensée d'autorisation pour ester en justice : c'est quand elle est défenderesse en matière criminelle ou de police. Arrêter la femme qui veut intenter un procès civil, c'est très-souvent lui être utile; l'empêcher d'y défendre, si elle est à raison attaquée, c'est encore lui rendre service; mais il ne peut venir à l'esprit de personne de refuser le droit de défense à la femme poursuivie au criminel; le crime ou le délit fût-il avoué, elle a intérêt à faire diminuer la peine, et il n'y a pas d'autorisation à

____

(1) Merlin, Dalloz, Zachariæ, Proudhon et Valette.

donner quand on ne peut en refuser. Au reste la puissance maritale doit céder le pas à l'intérêt social, et c'est au nom de celui-ci que la femme est attaquée. Comment le mari pourrait-il arrêter le cours de la justice, ou mettre obstacle à ses recherches? La dispense d'autorisation est unanimement admise pour les matières criminelle, correctionnelle ou de police, si la poursuite est exercée à la requête du ministère public. Mais si l'affaire est entre parties, et si la femme est défenderesse, la même dispense existe; car, dès que le procès est engagé, le ministère public peut requérir l'application de la loi et il ne se peut pas que le droit de défense soit supprimé. Ceci nous conduit à dire que la femme poursuivie au criminel et dispensée d'autorisation au principal, n'en a pas plus besoin pour défendre aux conclusions de la partie civile, qui ne sont que l'accessoire du procès; il faut noter toutefois que l'autorisation est nécessaire à la femme qui voudrait se porter partie civile; car c'est là un procès pécuniaire qu'elle veut engager et l'article 215 reprend tout son empire (1).

(1) Pothier, Dalloz, Zachariæ, Marcadé, Valette sur Proudhon, Delvincourt.

CHAPITRE III

DES OBLIGATIONS AUXQUELLES LA FEMME PEUT ÊTRE SOUMISE PAR SA VOLONTÉ OU A SON INSU.

Sous le régime de séparation des biens, la femme a un pouvoir plus large que sous les autres régimes.

La séparation de biens provient de deux sources : ou du contrat de mariage ou d'un jugement rendu pendant le mariage. Mais qu'elle soit produite par un mode ou par l'autre, elle amène les mêmes résultats ; la capacité de la femme séparée de biens sera toujours la même et nous ne savons trop pourquoi certains interprètes ont cherché à établir une différence : ils ont soutenu qu'une antinomie existait entre les articles 217 et 1449, et ils l'ont expliquée en disant que la femme séparée judiciairement était capable par elle-même de certains actes pour lesquels la femme séparée contractuellement avait besoin d'autorisation ; mais leur erreur est manifeste. L'article 219 qui défend à la femme séparée d'aliéner, pose un principe général (1) : c'est la défense de disposer de ses

(1) Demolombe, Bellot des Minières.

biens ; l'article 1449 lui permet d'aliéner son mobilier, mais parce que c'est là un acte d'administration, et nous aurons bientôt l'occasion de prouver qu'il ne renferme pas une autre pensée, qu'il
maintient dans toute sa force la défense de disposition des biens et qu'il réserve le principe.

Comment Delvincourt a-t-il pu soutenir que la
femme séparée a le droit de disposer de son mobilier à titre gratuit ? L'article 1449 n'a-t-il pas
trait entièrement à l'administration des biens ?
porte-t-il atteinte même en apparence à cette règle
si sage et si nécessaire qui défend à la femme de
faire ou d'accepter des donations ? Certes il n'est
pas douteux qu'il soit permis à la femme de faire
les présents qui sont d'usage, qui n'engagent pas
une partie de sa fortune et qu'on nomme ordinairement cadeaux ; mais qu'elle puisse sans autorisation faire des donations mobilières importantes
et, par exemple, donner des droits successifs mobiliers, c'est ce que nous refusons de croire ; et
notre opinion nous paraît encore plus certaine
quand nous remarquons que, dans le langage du
code, le mot *aliéner* est ordinairement employé
dans le sens spécial d'aliéner à titre onéreux, et
qu'il faudrait sur ce mot douteux oublier l'esprit
du code qui, dans différents articles, se manifeste
en faveur de notre système (1).

(1) Demolombe, Dalloz, Proudhon.

L'article 1449 qui permet à la femme séparée d'aliéner sans autorisation son mobilier, contient un premier paragraphe qui ne traite que de l'administration des biens et indique ainsi le sens du second ; il nous paraît certain que dans le droit d'administration se trouve la limite du pouvoir de la femme ; mais il faut l'accepter dans un sens assez large pour que ce droit ne soit pas gêné par des chicanes et des tracasseries de chaque jour. Proudhon observe qu'une femme séparée ne pourrait pas sans autorisation accepter une succession mobilière. Il y a là en effet un quasi-contrat dont l'importance est grave ; mais il ne faut pas perdre de vue que l'article 1449 accorde à la femme la libre administration de ses biens et le droit de disposer de son mobilier.

La plupart des auteurs en ont tiré cette conséquence, que, s'il faut limiter le droit de la femme au droit d'administration, il faut étendre celui-ci jusqu'à ses frontières extrêmes, et ils ont dit que, si la femme a besoin d'argent, elle peut vendre un immeuble acheté sur ses économies. Ils auraient à peine raison si nous n'avions à compter qu'avec l'article 1449 ; mais il ne nous est pas possible de mettre de côté l'article 217 qui renferme le principe de notre matière et dont nous devons nous inspirer dès qu'une difficulté se présente, non plus que l'article 1838 qui défend à la femme séparée d'aliéner en aucun cas un de ses immeubles (1). Quant à la raison de douter, elle ressort avec évidence de la gravité du fait qui rend utile l'intervention du mari : on aura beau nous dire qu'il s'agit d'un capital formé par ses économies et qu'elle pourrait dissiper; nous répondrons qu'elle ne peut dissiper un capital, car ce ne serait pas là un acte d'administration.

La femme, au contraire, peut transiger sur des effets mobiliers, elle ne peut pas compromettre. Transiger, c'est éviter un procès; compromettre, c'est n'en éviter que les formes, et c'est un acte plus grave que plaider; car un jurisconsulte ne peut pas admettre que les formes de la procédure ne soient une garantie pour les plaideurs; en somme, il y a procès et, par conséquent, nécessité d'autorisation.

Nous venons d'indiquer quels actes la femme séparée peut faire sans autorisation; nous avons fixé la limite de ses droits; il nous reste à voir comment ces actes légalement passés pourront recevoir leur exécution. Il semble au premier abord qu'il ne doit pas y avoir de difficultés; car aux termes de l'article 2092 toute personne obligée est tenue de remplir son engagement sur tous ses

<hr>

(1) Proudhon. — *Contra*, Cass. Sirey 1815, 1, 39.

biens; or l'obligation de la femme étant valablement contractée ne doit-elle pas être exécutée
comme toutes les autres? Pour comprendre la discussion qui s'est élevée sur ce point, en réalité
très-délicat, il faut se rappeler que la femme n'a
pas le droit de disposer de ses immeubles, et l'on
s'apercevra que, si les créanciers peuvent les saisir pour assurer l'exécution de ses engagements,
elle les aura aliénés par une voie indirecte. Nous
voilà donc contraints, ou de permettre à la femme
d'échapper ainsi à la rigueur de la loi, ou d'abro-
ger en partie, sans le secours d'un texte et par une
simple critique, le principe conservateur de l'article 2002 : il n'y a pas de troisième parti possible.
Sur ce point, les plus savants interprètes sont en
dissentiment. L'article 2002, disent Zachariæ et ses
collaborateurs, n'est applicable qu'au cas où le débiteur a eu la liberté d'engager tous ses biens;
ceux qu'il n'a pu engager ne peuvent répondre
de la dette; la femme pourrait se jouer de la loi;
une exception à un principe ne peut pas s'imposer d'une façon plus impérieuse; l'article 2002 en
reçoit d'autres très-nombreuses et très-graves qui
sont précisément établies sur la même idée : à savoir que le créancier connaît précisément la limite de l'engagement pris par le débiteur. Il n'y
a donc aucun intérêt lésé et ces jurisconsultes
maintiennent pour ces causes l'incapacité de la

femme d'aliéner ses immeubles en quelque cas que ce soit (art. 1538).

Quelque spécieuse que paraisse cette théorie, nous en contestons la vérité; disons d'abord qu'elle a été réfutée victorieusement par notre savant professeur, M. Valette, qui a rencontré deux fois l'occasion de la combattre. « Les obligations valablement contractées par la femme doivent, dit-il, être exécutées, ainsi que celles des mineurs émancipés, non-seulement sur ses revenus et sur ses meubles, mais même sur ses immeubles. » Pourquoi parler ici de l'incapacité de la femme? il s'agit d'une obligation qu'elle était capable de contracter, dont la validité est absolue, et dont l'exécution ne peut échapper au créancier. Que la femme puisse ainsi aliéner ses immeubles d'une façon indirecte, cela est vrai; mais peut-on l'en empêcher? est-ce du reste le seul cas où cela arrivera? Si elle avait commis un quasi-délit, ses immeubles ne répondraient-ils pas encore de sa dette. Il serait vraiment singulier qu'une personne ayant, en plein exercice de ses droits, contracté une dette d'administration puisse, en dissimulant son mobilier, échapper à toute poursuite, alors qu'elle possède une fortune peut-être considérable! et la vigilance de la loi ne serait-elle pas en défaut? Si les immeubles ne répondent pas de cette dette, tout crédit échappera à la femme et sa fortune sera de la sorte plus compromise que protégée (1).

Mais le besoin d'assurer à la femme séparée le crédit utile à toute administration, doit-il lui faire concéder le droit d'hypothéquer ses immeubles? Puisque la femme, a-t-on dit, est capable pour l'obligation principale, comment ne le serait-elle pas pour l'accessoire? Si elle peut engager ses immeubles, pourquoi lui serait-il interdit de réglementer cet engagement? Et à qui la concession d'hypothèque pourra-t-elle nuire? Aux seuls créanciers. Il n'y a donc aucune bonne raison pour refuser ce moyen de crédit que l'article 6 du Code de commerce autorise pour les mineurs non marchands, qui ne peuvent cependant pas aliéner leurs immeubles.

Malgré la valeur de ces arguments, il nous paraît impossible de concéder à la femme le droit d'hypothéquer. Comment! nous nous trouvons en présence de l'article 2124, qui dit que ceux qui peuvent aliéner peuvent seuls hypothéquer, et de l'article 217 qui défend à la femme d'aliéner, et nous lui reconnaîtrions ce droit! On invoque l'article 6 du Code de commerce. Mais ce texte est entièrement favorable à notre opinion; il fait une exception pour le mineur et garde le silence sur

(1) Valette, Duranton, Req. 17 déc. 1811. — Contra, Zachariæ. Riom, 12 juillet 1821.

la femme. Est-il permis d'établir une autre exception par unsimple argument d'analogie? On nous dit : qui peut le principal peut l'accessoire. Mais cela n'est pas vrai, si l'accessoire est précisément interdit par la loi. Et il est encore inexact de dire que les créanciers seuls ont un intérêt engagé dans la question. Ce pouvoir remis dans les mains de la femme, elle aura la tentation d'en abuser, et c'était une des craintes les plus vives de la législation romaine (1).

En ce qui ne concerne pas la libre administration de ses biens, la femme séparée ne peut contracter aucune obligation personnelle sans violer l'article 217, qui lui défend d'aliéner ou d'acquérir à titre gratuit ou onéreux sans autorisation.

Si une femme voulait contracter un engagement dramatique, le consentement de son mari lui serait indispensable; un pareil acte blesse souvent la bienséance et les bonnes mœurs, et le mari doit être consulté. La femme, selon nous, devient commerçante, quand elle souscrit un engagement théâtral, et la justice ne pourrait l'y habiliter; mais si depuis longtemps et sans réclamation du mari un engagement de cette sorte durait et qu'il fût renouvelé, il serait juste de considérer absolument la femme comme commerçante et au-

____

(1) Demolombe, Proudhon. — *Contra*, Toullier, Zachariæ.

torisée tacitement, et de rejeter la demande en nullité de l'acte; celle-ci n'aurait souvent pour but que de favoriser des fraudes et de honteux trafics (1).

Nous avons montré par tout ce qui précède que la femme mariée est incapable pour la plupart des actes. La femme toutefois, comme le fait remarquer M. Valette, peut recevoir un pouvoir; l'article 1990 nous le dit en termes explicites; ce n'est pas là en effet une dérogation au droit commun, car dans notre droit le mandataire n'est pas responsable; il ne fait que tenir la place d'un autre et pour cet autre, il le représente.

Il y a plus : la femme a toujours un mandat de son mari, mandat tacite de fournir le ménage de ce qui lui est nécessaire, d'acheter les provisions, les habillements, de faire enfin les dépenses de chaque jour : les relations sociales ont créé ce mandat qui convient au rôle de la femme dans la famille, à ses instincts et à ses aptitudes; sans lui, le commerce se trouverait aux prises avec de grandes difficultés; c'est ce que dit Merlin, rappelant les paroles du président de Lamoignon : « Les femmes sont censées avoir commission de leur mari, sans cela on ne voudrait plus traiter qu'avec le mari. » Ce mandat de la femme doit même être entendu d'une manière assez large :

(1) Vivien. Demolombe, Paris, 23 août 1823. Cass. 21 août 1839.

il a été jugé qu'un mari commerçant est débiteur unique des billets souscrits par sa femme, si celle-ci a l'habitude de les signer et de vendre au détail les marchandises du mari. Mais n'oublions pas que les règles du mandat déterminent les pouvoirs de la femme : si elle les avait excédés soit par des actes qui n'auraient pas trait aux affaires du ménage, soit par des dépenses exagérées et ne se rapportant pas à sa fortune, ces obligations seraient nulles : il y aurait excès de pouvoir du mandataire; dans la pratique, c'est une question de confiance et d'équité.

Ainsi par toutes les limites que nous avons indiquées, la capacité de la femme est diminuée : dès qu'elle est appelée à consentir une obligation, l'autorisation est exigée; mais si elle se trouve obligée, sans qu'elle ait eu à se prononcer ou à vouloir, si son engagement résulte soit d'une disposition légale, soit du fait légitime d'autrui, l'autorisation n'a plus de raison d'être. Nous allons voir comment ces diverses hypothèses peuvent se présenter : nous n'avons pas à parler des dettes qui sont la conséquence des délits et des quasi-délits dont la femme se rend coupable. Ici l'intérêt social est en jeu : il faut qu'il obtienne satisfaction ; point n'est besoin de délibérer ni d'autoriser.

Mais si la femme est obligée par la seule force de la loi, par exemple par les actes d'une tutelle qui lui a été déférée, l'autorisation n'aura pas été nécessaire, la loi qui lui a déféré la tutelle l'a reconnue capable de la gérer : il n'y a pas lieu de douter. Notre conclusion serait tout à fait différente si l'obligation avait pour cause le quasi-contrat d'acceptation d'hérédité, et voici pourquoi : si dans cette espèce la loi déclare la femme héritière, elle lui permet en même temps de se soustraire par la renonciation aux charges de la succession; il y a donc une option à faire, et cette option ne peut être faite qu'avec le consentement du mari.

Supposons maintenant qu'un tiers a géré utilement les affaires d'une femme mariée : il n'avait pas de mandat, mais il a fait des dépenses utiles, sauvé des biens en souffrance : voilà cette femme obligée envers le tiers, obligée par l'équité. Est-ce qu'elle serait recevable à dire : « Je ne suis pas obligée, parce que je n'étais pas autorisée? » « En vérité, répondrait le gérant d'affaires, je ne me suis occupé que de votre fortune et non de votre capacité, je vous ai à grands frais rendu service : pouvez-vous vous enrichir à mes dépens. » La loi donne raison à la prétention du tiers, et la femme est ainsi obligée par le fait d'autrui, sans autorisation : mais les tribunaux auront à examiner s'il y a là une véritable gestion d'affaires, ou une fraude de la femme, annihilant la puissance mari-

tale : pour terminer avec la gestion d'affaires,
nous observerons que si la femme peut être obligée
par ce fait, elle ne pourrait s'obliger elle-même en
gérant les biens d'autrui (1).

Un autre quasi-contrat, dénommé payement
de l'indû, peut aussi donner naissance à une obligation imprévue : il peut arriver que, trompé
sur l'existence d'une créance, un tiers fasse un
payement à une femme mariée : l'équité exige que,
l'erreur reconnue, le payeur de l'indû soit rem-
boursé. Pothier nous dit, dans son Traité de la
puissance maritale : « La femme est capable de
l'obligation qui naît de la loi naturelle. » Elle est
tenue de l'action *in rem verso*, c'est-à-dire jusqu'à
concurrence de son profit. L'article 312 du code
applique à la femme la même loi qu'au mineur, et
décide qu'elle devra rendre tout ce dont elle aura
profité. C'est encore une obligation contractée sans
besoin d'autorisation (2).

(1) Pothier, Toullier, Valette, Duranton, Zachariæ.
(2) Delvincourt, Duranton, Proudhon.

CHAPITRE IV

DES FORMES DE L'AUTORISATION.

L'œuvre du législateur n'eût été accomplie qu'à moitié, s'il avait exigé autorisation, sans déterminer les formes dans lesquelles elle devait être donnée; l'incertitude eût été grande et la validité de beaucoup d'actes soumise à la discussion. Les derniers mots de l'article 217 ont été écrits pour éviter ces graves inconvénients. L'autorisation résultera, dit l'article, ou du concours du mari dans l'acte, ou de son consentement par écrit.

Quand la femme est habilitée à passer un acte pour lequel la loi exige la forme authentique, cette forme est-elle nécessaire aussi pour le consentement du mari? En matière de donations, l'authenticité des procurations et des acceptations est exigée à peine de nullité (1) (art. 933); mais c'est le seul argument qui puisse être invoqué en faveur de l'opinion rigoureuse : et il nous paraît insuffisant. Remarquons d'abord que l'article 934 ne parle plus de cette condition, et comme il a plus directement trait à notre matière, cela diminue sin-

(1) Besançon, 30 mars 1811.

gulièrement la force du raisonnement qui nous est opposé : mais nous avons mieux à objecter. Si l'intérêt, en faveur duquel l'autorisation est demandée, trouve satisfaction entière par un consentement sous seing privé, dans quel but la loi aurait-elle embarrassé l'exercice de ce droit, en l'entourant de formes inutiles? Le législateur a voulu que la femme ne pût se soumettre à aucune obligation sans la volonté de son mari : peu importe que cette volonté se soit manifestée sous une forme ou sous une autre : tous ceux-là en seront convaincus qui auront bien compris ce qu'est la puissance maritale (1).

Les mots «consentement par écrit» de l'article 217 ont donné lieu à une vive discussion : excluent-ils le consentement verbal? M. Zachariæ ne le croit pas. La loi, dit-il, ne parle du consentement par écrit que par opposition au concours dans l'acte; mais il ne faudrait pas prendre ces mots à la lettre, ils ne doivent produire qu'un résultat, c'est l'inadmissibilité de la preuve de l'autorisation quand il s'agit de plus de 150 fr.; et l'acte serait même à l'abri de toute attaque, si, sur la délation du serment ou de son propre mouvement, le mari avouait avoir consenti. Mais l'opinion du savant jurisconsulte est contredite avec raison par la majorité des

<hr>

(1) Demolombe, Dalloz.

auteurs; sous l'ancien droit, les textes laissaient la question indécise, mais le Code civil l'a tranchée d'une manière formelle par les mots cités plus haut. M. Demolombe, un de nos adversaires, dit lui-même : « L'article 217 exige positivement le consentement par écrit, et il faut bien que ces mots aient un sens et produisent un effet. » Nous ne comprenons pas comment, après une pareille déclaration, l'illustre professeur arrive à permettre la preuve de l'autorisation verbale. Sous l'ancienne législation, qui, après la ratification du mari, refusait l'action en nullité à la femme, on avait pu dire : le mari a plein pouvoir sur l'acte; il peut à son gré en faire déclarer la nullité ou le rendre valable, et par conséquent son aveu a de l'importance; mais sous le code, la volonté du mari est impuissante à donner à l'acte pleine validité, et si l'aveu du consentement verbal lui était permis, autant vaudrait déclarer que la femme n'a pas l'action en nullité. Rien de plus sage que l'exigence de l'article 217, et nous croyons qu'il faut la maintenir dans toute sa rigueur (1).

Comme nous l'avons vu, l'article 217 permet deux formes d'autorisation : l'autorisation expresse qui ne peut résulter que du consentement donné par écrit, et l'autorisation qui est implicitement accor-

(1) *Contra*, Zachariæ, Demante. — Conf., Paris 23 février 1849 et 28 août 1851. Paris, 9 juin 1857.

dée par le concours du mari dans l'acte. Celle-ci est tacite : il suffit que le mari figure dans l'acte à quelque titre que ce soit et qu'il signe. Ainsi il a été jugé que le mari habilite sa femme quand il accepte une lettre de change qu'elle a tirée, quand dans un procès il constitue le même avoué, l'autorisation tacite est une innovation de notre droit : nos coutumes ne l'auraient pas déclarée recevable pour les actes extrajudiciaires. Bizot, dont Lebrun nous a conservé l'opinion, disait que : « la femme devait faire dans le contrat mention de son autorisation, parce qu'elle ne contracte pas en personne libre. » « Pour les actes extrajudiciaires, disait Merlin, il est nécessaire d'employer les mots *autoriser* et *habiliter*, » les deux seuls que Pothier déclare équivalents.

Mais puisque le code permet l'autorisation tacite, peut-elle résulter d'un autre fait que du concours du mari dans l'acte? On a soutenu que le législateur n'avait voulu que mettre en présence par l'énonciation de ces deux modes, consentement par écrit et concours dans l'acte, les deux formes d'autorisation, l'expresse et la tacite; mais qu'il fallait leur donner un certain développement dans les limites de la volonté du mari; on argumentait de l'article 4 du Code de commerce, qui déclare la femme habilitée à devenir marchande publique par le consentement du mari, et de quelque façon que le consentement de celui-ci ait été donné. Mais ce raisonnement a peu de force, car dans l'ancien droit, où la forme de l'autorisation était encore plus rigoureuse, cette sévérité s'effaçait dans le cas spécial d'un établissement de commerce, et notre code ne fait que consacrer cette exception. Il nous paraît vrai que le concours du mari dans l'acte est exigé à peine de nullité : le législateur a pris ce moyen d'empêcher de naître un grand nombre de contestations, qui se seraient élevées sur des questions de fait, et il a pensé que de cette façon seulement la volonté du mari était évidente et indiscutable (1).

L'incapacité de la femme ayant pour sanction la nécessité de l'autorisation, et la puissance maritale étant d'ordre public, il fallait prévenir deux abus différents : l'un, le refus d'autorisation, dans le cas où elle est légitime et nécessaire (nous verrons que le législateur y a pourvu en permettant à la femme de demander, au refus du mari, l'autorisation de justice); l'autre, l'abdication par le mari de son droit, abdication consentie par une autorisation générale qui annulerait sa puissance et fausserait l'institution; nous allons voir quel remède le législateur a ordonné contre ce second abus.

(1) Valette sur Proudhon, Demolombe, Marcadé. Cass. 19 août 1845. — *Contra*, Zachariæ, Toullier. Cass. 27 mars 1832.

Afin de ne pas nous égarer sur ce terrain, il faut que nous écartions une hypothèse qui, au premier abord, paraît rentrer dans notre sujet et qui, en réalité, y est étrangère. Nous voulons parler du cas où le mari donne pouvoir à sa femme de gérer les affaires qui ne la concernent pas, que, lui, a le droit de faire seul, comme les affaires de la communauté; parler, dans cette espèce, d'autorisation, c'est évidemment se méprendre; il ne s'agit pas en effet de compléter la capacité de la femme ; c'est un simple mandat que le mari lui donne, comme il pourrait le donner à tout autre : la puissance maritale n'est pas engagée et peu importe que le mandat soit général ou spécial.

Ce que la loi interdit d'une façon absolue (art. 223), c'est l'autorisation générale donnée à la femme de faire par elle seule les actes dont la loi la déclare incapable, c'est, en autres termes, l'abdication, la démission de la puissance maritale qui est d'ordre public, et considérée comme la sauvegarde de la moralité du mariage. C'est pour cela que la condition essentielle de validité de l'autorisation est sa spécialité. Examinons de quelle manière elle doit être entendue.

Une autorisation générale donnée par contrat de mariage ne serait pas plus valable que si elle était donnée pendant le mariage. Lebrun nous en indique la raison. « On a souvent reçu, dit-il, les procurations et autorisations faites en contrat de mariage, parce que toutes les clauses qui ne choquent pas les bonnes mœurs sont licites dans ces sortes de contrats; mais l'autorisation, c'est une loi naturelle, et à celles-là on ne peut déroger même par contrat de mariage. »

Le même auteur, qui a écrit sur cette matière un traité fort complet, disait: « On dispute fort au Palais sur les autorisations générales, quoique tout le monde convienne qu'elles sont d'une très-dangereuse conséquence. » Si Lebrun reparaissait au milieu des jurisconsultes d'aujourd'hui, il trouverait qu'on n'a pas cessé de disputer; et cependant Pothier, dont les opinions ont eu tant d'empire sur les auteurs de nos codes, s'est prononcé avec netteté : « Il faut, dit-il, une autorisation spéciale, mise *in ipso actu,* ou une procuration faite spécialement pour l'acte qui se passe. »

Il est juste de dire que, depuis Lebrun, le terrain de la discussion a été un peu déplacé. Il combattait la validité des autorisations générales et il a triomphé; mais l'habileté de ses adversaires a transformé la question et on demande, sous le code : Qu'est-ce qu'une autorisation générale? Est-ce habiliter la femme à un acte spécial que l'autoriser à aliéner un ensemble d'immeubles? ou à soutenir plusieurs procès? ou à faire le commerce qu'elle voudra? Il serait facile de multiplier les hypothèses.

Dire que l'autorisation doit être spéciale, et qu'elle le sera si elle est donnée pour un ensemble de faits, c'est une grave méprise (1). Notre étonnement a été grand quand nous avons lu dans l'œuvre du plus illustre interprète du code, de celui qui a eu l'honneur et les difficultés de la première discussion, que l'autorisation serait valable d'aliéner tous les immeubles que la femme posséderait dans tel département. Dans l'opinion de M. Duranton, un ensemble d'immeubles forme un bien spécial, et puisque le mari pourrait par plusieurs consentements habiliter la femme à aliéner chaque immeuble, pourquoi ne le pourrait-il pas par un consentement unique? Il nous semble que cet avis est entièrement contraire et au texte et à l'esprit du code : ce système admis, où s'arrêterait-on, et que deviendrait le principe de la spécialité? Cette erreur vient assurément de l'application à notre matière de l'article 1987, qui dit qu'un mandat est spécial pour une affaire ou certaines affaires seulement. Nous comprenons très-bien qu'on ait, à un autre point de vue, établi cette distinction entre un mandataire général qui a pouvoir sur tous les biens, sur toutes les affaires, et le mandataire spécial, dont la capacité est limitée à une série d'actes. Au contraire, nous traitons non pas du mandat,

(1) Dalloz, Zachariæ, Valette. Caen, 9 janvier 1849. Cass. 18 mars 1840. — *Contra*, Duranton.

mais d'un pouvoir *sui generis*, dont la spécialité doit s'interpréter dans un sens rigoureux, puisqu'il est interdit de le généraliser. Si nous voulions trouver dans le même code un argument opposé, nous montrerions que la spécialité de l'hypothèque qui est aussi exigée ne s'entend pas d'un ensemble d'immeubles, mais d'un immeuble unique et très-distinctement indiqué. En présence de l'utilité unanimement admise du principe qui nous occupe, et de la facilité avec laquelle il pourra être violé, nous estimons qu'il doit être appliqué avec sévérité.

Dans un cas unique, le code s'en est départi, et encore a-t-il pris la précaution de laisser une entrave à la capacité de la femme : il n'était pas possible que l'autorisation de devenir marchande publique ne s'appliquât pas à l'ensemble des opérations que la femme était appelée à faire : c'était la condition d'existence de l'industrie entreprise, et cependant la loi maintient la défense d'ester en justice, même pour les actes de commerce. Mais il ne faut pas croire que l'autorisation de faire un commerce ne doive pas être en quelque façon spéciale : elle doit contenir l'énonciation de ce commerce, et la femme devra s'enfermer dans les limites indiquées.

Sur cette question, ajoutons encore qu'une femme commune en biens, autorisée à vendre un immeuble, ne le serait pas à en toucher le prix ; il a été jugé aussi que l'autorisation d'acheter un immeuble ne renferme pas celle de former une surenchère (1).

Il paraît inutile de dire que ce que le mari ne peut faire lui-même, il ne peut donner à un tiers le droit de le faire : en l'absence du mari, c'est la justice qui devra accorder à la femme les autorisations spéciales dont la nécessité sera démontrée; s'il veut laisser un mandataire pour autoriser, il devra lui donner les pouvoirs les plus circonstanciés.

Une autre hypothèse plus difficile à comprendre est celle où la femme donne à son mari un mandat illimité d'aliéner pour elle. Voici les deux raisonnements opposés qui ont été produits sur ce point, et dont le second nous paraît seul conforme au principe que nous discutons. La femme, ont dit quelques auteurs, a la capacité comme tout le monde de donner un mandat illimité, pourvu qu'elle y soit autorisée; elle l'est dans l'espèce par le concours du mari dans l'acte : donc seront valables toutes les aliénations qui auront été faites par le mari. Dans un second système on soutient que ces actes sont nuls et on argumente justement, ce nous semble, de ce que l'autorisation donnée par le mari serait générale et en conséquence nulle : ce résultat théorique

(1) Caen, 9 janv. 1849.

méritait d'autant plus d'être obtenu , qu'il évitera aux familles de graves inquiétudes et de grands dangers.

Aux observations qui précèdent nous devons ajouter que, toutes les fois qu'une question d'autorisation sera soumise aux tribunaux, ils devront s'assurer dans une sage mesure du point de fait : nous aurons sur ce sujet encore quelques mots à dire en ce qui concerne l'autorisation de plaider devant les divers degrés de juridiction.

L'autorisation générale, prévue par l'article 223, qui est valable pour l'administration des biens de la femme, ne peut provenir que de l'adoption au contrat de mariage du régime de séparation de biens.

CHAPITRE V.

§ 1ᵉʳ. — *Des cas où la justice peut autoriser la femme.*

Le législateur ayant fait des droits maritaux un
des principes essentiels du mariage, nous avons
dit que deux abus pouvaient être produits : le premier, nous l'avons examiné sous le nom d'abdication du mari ; il nous reste à nous occuper du
second, qui peut résulter soit de l'impuissance juridique du chef de la société conjugale, soit de sa
résistance injuste aux sollicitations de sa femme.
Remettre alors les droits maritaux dans les mains
de la femme, c'eût été oublier qu'on avait proclamé
son incapacité personnelle, détruire en partie l'esprit du code, et renier l'influence des idées romaines en adoptant dans leur entier les idées germaniques. On était donc conduit à chercher un
protecteur toujours capable et présent, un conseil
prudent, dont la vigilance fût une garantie pour
la puissance du mari comme pour les intérêts de
la femme. Les articles 218 et suivants du Code civil
ont posé cette règle : Quand., pour quelque cause

que ce soit, la femme ne peut obtenir l'autorisation de droit commun, elle a la ressource de demander l'autorisation de justice.

Ce droit ne lui est nullement contesté lorsque le mari est en état d'absence déclarée ou présumée. Son existence étant incertaine, ses droits doivent être réservés : c'est ce que nous dit l'article 863 du Code de procédure. Mais si les tribunaux n'ont pas été appelés à se prononcer sur cette absence, si elle n'est qu'un fait sans conséquence juridique, l'éloignement du mari, que va faire la femme? Demeurera-t-elle dans l'impossibilité absolue d'agir aussi longtemps qu'il plaira à son mari de se tenir loin d'elle; c'est ce qu'une jurisprudence rigoureuse a presque constamment admis, et les textes paraissent lui donner raison ; car si les orateurs qui ont concouru à la formation du Code civil ont laissé ce point douteux, le Code de procédure, qui est postérieur, ne permet à la femme de poursuivre ses droits que « dans le cas de l'absence présumée du mari ou lorsqu'elle aura été déclarée. » Cet avis nous paraît cependant d'une sévérité injustifiable : chacun reconnaît que les mesures conservatoires ordonnées par l'article 131 sont applicables même en l'absence de tout jugement, et nous le croyons fermement; or nous soutenons ou qu'il faut abandonner cette dernière opinion, ou que le tribunal a le droit d'autoriser la femme pour toutes les mesures conservatoires; l'article 863 du Code de procédure n'a pas visé notre hypothèse (1).

Le mari peut être présent et personnellement indigne ou incapable; ce n'est pas alors son autorisation que la femme doit obtenir : incapable pour ses propres actes, il ne peut être capable pour ceux d'autrui.

L'article 221 nous dit : «Lorsque le mari est frappé d'une condamnation emportant peine afflictive ou infamante, encore qu'elle n'ait été prononcée que par contumace, la femme, même majeure, ne peut pendant la durée de la peine ester en jugement ni contracter qu'après s'être fait autoriser par le juge, qui peut en ce cas donner l'autorisation, sans que le mari ait été entendu ou appelé. » Posons d'abord les vérités qui sont hors de conteste. Tant que le mari subit les travaux forcés, la déportation, la détention, la réclusion ou le bannissement, le droit d'autoriser appartient aux tribunaux.

Mais la dégradation civique est aussi une peine infamante, et nous ne l'avons pas nommée : c'est que sur ce sujet une grave discussion s'est élevée. Il est fort remarquable que malgré la précision du texte dans le sens de l'indignité du mari, on ne pourrait peut-être pas, à l'exception de Locré, citer

(1) Agen, 31 juillet 1806. Delvincourt, Duranton, Toullier. — *Contra,* Marcadé.

un auteur qui l'ait admise sans réserve (1). Cela vient de ce que la dégradation civique est une peine qui s'applique de deux façons : elle est tantôt principale, tantôt accessoire, toujours infamante et perpétuelle. Si elle n'avait été que principale, probablement on n'eût pas fait d'objections à ce qu'elle produisît l'indignité du mari ; mais on a remarqué que, lorsqu'elle serait accessoire, elle prolongerait l'indignité au-delà de la durée de la peine principale, ce qui est en contradiction avec l'intention révélée dans l'article 221 par les mots : « pendant la durée de la peine ». L'individu qui en serait frappé, dit Delvincourt, deviendrait incapable d'autoriser à quelque époque que ce soit, et ce serait contraire à l'esprit de la loi. Pour éviter ces conséquences, les auteurs n'ont pas même reculé devant la mutilation de l'article 221 ; les uns ont proposé de rayer les mots : ou infamantes, comme étant le résultat d'une erreur ; les autres de dire : et infamantes, ce qui écarte la dégradation civique ; ils argumentent avec une sérieuse apparence de vérité de ce que l'article 34 du Code pénal ne comprend pas cette indignité dans l'énumération de celles qu'entraîne la dégradation civique. L'importance de ces raisons et l'autorité des auteurs qui les acceptent nous ont également frappé. Nous ne nous dissimulons pas

(1) Marcadé, Delvincourt, Dalloz, Duranton, Proudhon et Valette.

cependant qu'il y ait de graves sujets d'hésiter; car, à l'appui du texte formel du code, on peut dire que le législateur a déclaré indigne pour toute sa vie le mari qui a encouru une semblable pénalité.

Mais si l'indignité du mari doit avoir la même durée que la peine, comment la réglerons-nous dans le cas de contumace? Si le condamné purge la contumace, il n'y a pas de question; s'il ne la purge pas, il est généralement admis que l'indignité durera jusqu'à la prescription de la peine (1).

A côté de l'indignité nous rencontrons l'incapacité; un mari interdit ne peut pas gérer les affaires de sa femme plus que les siennes; ce serait déraisonnable : aussi, dans ce cas encore, c'est la justice qui devra donner l'autorisation. Autour de ce principe plusieurs controverses ont été soulevées. L'article 222 ne parle que du mari interdit; s'il était en démence, mais non interdit, en liberté ou dans une maison d'aliénés; si sa démence était notoire et que l'on parvînt à prouver qu'il a autorisé un acte absurde, funeste, nous croyons qu'il y aurait lieu d'annuler cet acte : ce serait alors l'autorisation qui manquerait (2).

Mais où l'interprétation de la loi devient difficile, c'est quand il s'agit du droit d'autorisation

(1) Valette.
(2) Demolombe, Dalloz.

dans les mains d'un mari pourvu d'un conseil judiciaire ; la loi est muette. Il faut prendre une décision qui soit en rapport avec tous les principes de la matière.

La situation et la capacité juridiques de l'individu pourvu d'un conseil judiciaire ont beaucoup d'analogie avec celles du mineur émancipe. Pour tous les actes qu'il peut faire lui-même, le mari mineur peut autoriser sa femme, mais, pour les autres, ce n'est pas l'autorisation du mari qui est nécessaire, c'est l'autorisation de justice ; telle est du moins la règle générale qui paraît dominer les questions qui se rapportent à ce sujet. Pourquoi n'en serait-il pas de même quand un conseil a été imposé au mari. On ne peut le remplacer dans ses droits maritaux, car personne n'aura pour la femme ni la même affection, ni la même prudence ; le principe est celui-ci : quand le mari n'est pas capable d'autoriser, c'est la justice qui doit le faire. Cette opinion n'a pas été acceptée par le plus grand nombre des auteurs ; tous les actes que le mari peut faire, il peut, disent-ils, habiliter sa femme à les faire ; et puisque avec l'assistance de son conseil il peut tout faire, l'autorisation sera ainsi donnée à deux degrés (1). D'autres auteurs ont encore soutenu que le mari pourvu

(1) Magnin. *Traité des minorités*. Zachariæ, Pothier, Toullier.

d'un conseil était déchu du droit d'autoriser; car dans leur pensée le mot interdit comprend aussi bien les demi-interdits que ceux à qui tous les droits sont refusés. Ils argumentent de ce qu'on applique aux premiers la disposition de l'article 442, relative à la privation du droit de tutelle, alors que cet article ne parle que des interdits. La langue du code est imparfaite, et il faut prendre garde de spécialiser quand la loi fait une généralité (1). Dans un quatrième système qui a le mérite de s'appuyer sur le texte de l'article 513, on accorde au mari le droit d'autoriser sa femme même à faire un acte que lui seul ne pourrait faire. En effet, la règle générale, citée plus haut, n'est nettement posée en aucun texte du code : ce n'est aussi que contre la prodigalité du mari sur ses biens personnels qu'on l'a protégé : et l'article 513 qui énumère ses incapacités ne parle pas de la déchéance du droit d'autoriser.

Tout ce que nous avons déjà dit de la puissance maritale nous permet de passer sous silence l'hypothèse du mari mineur et de la femme majeure : on comprend que la majorité de la femme n'apporte aucun changement et que la justice devra l'autoriser : c'est ce que dit d'une manière formelle l'article 224. Pothier dit qu'alors ce n'est pas

_____

(1) Demolombe, Duranton. Dalloz.

l'autorisation maritale qui fera défaut; mais que le mari mineur pourra se faire restituer contre cette autorisation.

D'autres complications ont trouvé naissance dans une hypothèse qui devient de jour en jour plus commune : je veux parler du cas où, le mari étant en démence, la femme, par un funeste renversement de puissance, devient, de plein droit, sa tutrice. Quels seront les pouvoirs de cette tutelle? C'est ce que nous allons expliquer le plus simplement possible. La loi qui crée un tuteur lui reconnaît certains droits, une capacité large; il serait absurde de donner à un incapable un tuteur incapable lui-même. La loi, en nommant la femme tutrice de son mari interdit, a donc levé tous les empêchements du sexe et annulé sa faiblesse. L'épouse aura tous les pouvoirs d'un tuteur ordinaire et devra observer dans son administration les mêmes formalités; elle peut, sous les mêmes réserves que les autres tuteurs, administrer tous les biens dont son mari avait l'administration; mais sa capacité est-elle modifiée vis-à-vis de ses biens personnels? Puisqu'elle peut plaider sur les biens mobiliers de son mari, aura-t-elle besoin de l'autorisation de justice pour plaider sur ses biens mobiliers? Nous le pensons, malgré la singularité du résultat. Tutrice de son mari, elle est devenue capable de ce qu'il pouvait faire, mais elle ne peut

s'autoriser elle-même : ce serait plus bizarre encore si le doute était permis; mais il ne l'est pas, car
l'article 222 exige l'autorisation de justice quand
le mari est interdit, et aucune raison n'a pu changer son incapacité quant à ses biens personnels.
Au reste qu'y a-t-il d'étonnant à ce qu'une bizar-
rerie de la sorte se produise dans un cas tout à fait
exceptionnel et contraire aux principes du droit
comme aux lois de la nature (1).

Il peut arriver aussi qu'une femme interdite ait
un autre tuteur que son mari; nous n'hésitons
pas à dire que le tuteur ne pourra agir qu'après
avoir obtenu l'autorisation du mari, et cette idée
nous paraît incontestable. Le tuteur ne pourra
avoir plus de droits que la femme qu'il représente quand il se trouvera en face du pouvoir marital, pouvoir *sui generis,* qui doit être respecté ; on
a souvent répété avec un arrêt de la cour d'Amiens
que « c'est créer deux autorités rivales et souvent
inconciliables ». Ce n'est pas l'interdiction qui a
créé ces rivalités d'interdiction, c'est le mariage.
Pourquoi l'autorité maritale perdrait-elle son droit
de surveillance et disparaîtrait-elle devant le tuteur qui, en réalité, n'est que la femme, qui ne représente qu'elle (2).

Quand la femme est mineure, le mari est son

(1) Dalloz, Duranton.
(2) Montpellier, 14 déc 1841. — *Contra,* Amiens, 29 déc. 1825.

curateur-né, comme disait Lebrun ; il l'assiste en qualité de curateur et l'autorise en qualité de mari. Nous lisons dans l'article 2208 que, si le mari est mineur aussi, ou s'il refuse de procéder avec sa femme, sur une saisie immobilière, « il est nommé un tuteur à la femme ». Cette sage décision devra être appliquée dans tous les cas où l'analogie se présentera avec évidence et où l'utilité sera certaine.

§ 2. — *De la maxime : « Nemo potest auctor esse in rem suam. »*

Nous avons indiqué de nombreuses espèces où l'autorisation de justice est substituée à l'autorisation maritale. On en peut résumer toutes les causes en celles-ci : ou les droits du mari ne sont pas assez intelligemment défendus, ou la protection fait défaut à la femme incapable. Si maintenant nous portons notre pensée sur les innombrables contrats que font naître chaque jour les besoins des hommes, leur ambition et leur avidité, et si, dans cette agitation incessante des individus, dans leurs mouvements confus, nous parvenons à distinguer les relations d'affaires qui les réunissent, nous découvrons facilement que la confusion d'intérêts créée entre deux personnes par le mariage, est une source intarissable de nombreuses obligations qui toutes ont pour objet ou de fixer l'état des deux patrimoines ou de faciliter l'enrichissement de la communauté : un des plus grands soucis des législateurs, une préoccupation constante chez chacun d'eux, c'est la réglementation des contrats entre époux. Si l'interdiction de ces contrats est prononcée, le succès pécuniaire de l'association conjugale se trouve compromis sans ressources, et si une liberté sans limites et sans frein leur est laissée, la fortune des époux est dans le plus grand péril. Les deux intérêts doivent être l'objet de la sollicitude de la loi. Examinons comment à propos de la puissance maritale elle s'est manifestée.

La raison nous dispense de dire que sous aucun régime matrimonial le mari ne peut obtenir l'entière disposition des biens de sa femme, et ce n'est que lorsqu'il s'agit d'engager les biens sur lesquels elle a conservé ses droits qu'il y a lieu de l'autoriser. Or, s'il arrive que les deux époux veuillent contracter ensemble, ou que la femme ait l'intention de consentir au profit de son mari une obligation envers un tiers, est-ce l'autorisation maritale ou celle de justice qui sera nécessaire?

Le consentement du mari, dans ce cas, ne serait, on a pu le dire, qu'une formalité dérisoire et presque une insulte au bon sens. Ce sera lui qui, troublant la raison de sa femme et mettant odieusement à profit l'empire qu'il aura sur elle, la poussera vers la ruine ; et l'incapacité de celle-ci ne trouvera plus de protection dans le plus grand péril où elle puisse être menée. La loi n'est, pour la femme, que tyrannique et funeste, si, en lui interdisant les obligations de la moindre importance vis-à-vis des tiers, elle la livre sans défense à l'avidité du mari, dont l'autorité est le plus à craindre. Ainsi beaucoup de jurisconsultes ont chargé ce tableau des plus sombres couleurs (1).

Il faut, pour trouver la vérité au milieu de toutes les exagérations qui ont été produites, distinguer deux hypothèses; et puisque nous devons interpréter le code et non le critiquer, nous nous débarrasserons de tous ces arguments de sentiments qui doivent faire place aux arguments de texte et à la décision du législateur.

La difficulté sera grande encore, car la controverse est vive sur tous les points. La première question qui se présente à nous et qui nous paraît devoir être résolue d'abord est ainsi posée : le mari peut-il directement autoriser sa femme à contracter avec lui-même? Pour y répondre, il est nécessaire de dire quelques mots d'un problème qui est le point de départ du nôtre : on a nié que les contrats fussent permis entre époux; on n'a fait d'autres exceptions que celles que la loi proclame elle-même: ce n'est point ici le lieu de traiter cette question : en droit romain, ces contrats étaient

(1) Cass. 14 février 1810, et Cass. 13 oct. 1812. Vazeille.

permis : le droit coutumier les avait interdits, et nous croyons que les auteurs qui maintiennent cette interdiction se méprennent singulièrement; selon nous la défense de contracter dont ils font la règle n'est que l'exception; il n'y a de contrats prohibés entre époux que ceux qui procurent à l'un d'eux un avantage gratuit et irrévocable et ceux que la loi déclare interdits. Il nous reste à examiner quelle condition d'existence la puissance maritale impose aux contrats entre époux.

Ricard, dans son *Traité du don manuel*, disait que l'autorisation n'est pas nécessaire pour plusieurs raisons, dont la principale est que l'autorisation étant introduite en faveur du mari, il ne serait pas juste de lui préjudicier en annulant un acte qu'il a suffisamment autorisé par sa présence. Dans notre droit, où l'autorisation valable résulte du concours du mari dans l'acte, les auteurs qui ne reconnaissent d'autre raison à la puissance maritale que les droits du mari, arrivent dans la pratique par une voie différente au même résultat que Ricard: la faiblesse du sexe n'entrant pas en compte, la logique ne leur fait pas défaut; mais ceux-là qui ne voient que l'intérêt de la femme dans l'établissement des droits maritaux veulent que la justice soit appelée à autoriser; ils avouent sans difficulté que les contrats sont permis entre époux; mais il leur semble juste d'appliquer cette règle si sage du droit romain, remise en vigueur par notre code, que personne ne peut autoriser autrui dans sa propre cause, c'est-à-dire donner une autorisation dont il doive profiter (*nemo potest auctor esse in rem suam*). C'est ce qu'a décidé le plus remarquable des codes européens, celui du royaume d'Italie. Cette règle étant la seule garantie de l'incapable doit être étendue à tous les cas d'analogie (1).

Pour nous, qui avons adopté des principes différents et pensons que la puissance maritale n'a pas une assise unique, quelle sera la solution? L'autorisation de justice, nous ne croyons pas qu'elle ait rien à faire ici : puisqu'elle est exceptionnelle il faudrait découvrir le texte qui l'exige ; or il n'y en a pas. L'article 1427 se rapporte à un cas plus grave et spécial, et quant à la maxime *nemo potest auctor esse in rem suam*, elle ne doit être appliquée que dans la tutelle, pour les besoins de laquelle elle a été créée. C'est ce que Delvincourt fait ressortir avec beaucoup de force et de clarté **dans** une discussion contre un arrêt de 1810 qui **avait** fait de ce brocard une fausse application ; la femme peut contracter avec son mari comme avec toute autre personne et dans les mêmes conditions. Les époux ne forment pas une seule personne juridique, mais deux très-distinctes entre lesquelles

(1) Cass. 11 février 1810.

il n'y a pas interdiction générale de contracter. Il n'y a pas du reste tant de péril à adopter notre avis! L'auteur du décret du 17 mars 1809, qui certes a pris une grande part à la confection du code, l'avait accepté sans réserve, puisqu'il autorisait une femme à créer un majorat en faveur de son mari avec sa seule autorisation. Que répondrons-nous à tout ce qu'on a dit des dangers que courrait la fortune des femmes, dangers tels que la plupart de ces fortunes allaient s'engloutir et à leur suite la paix du ménage disparaître? A cet argument, qui n'a pas de valeur juridique, nous répliquerons que soixante années d'expérience du système que nous proposons n'ont pas mis la société en péril, et qu'en débarrassant les affaires de la femme d'une foule d'entraves inutiles, notre système a très-souvent été favorable à la gestion des biens et à la bonne entente des époux (1).

Ces explications ont beaucoup réduit notre tâche en ce qui concerne la seconde question que nous avions posée et qui est à peu près résolue par la première. Avec quelle autorisation la femme peut-elle s'obliger envers un tiers dans l'intérêt de son mari? La controverse s'est établie sur le même terrain et les mêmes objections ont été présentées. L'influence redoutable du mari, son intervention

(1) Cass. 3 juin 1831 et 3 déc. 1844. Toullier, Delvincourt, Zachariæ, Marcadé.

active dans une affaire dont le profit est pour lui, la fortune de la femme laissée sans défense et abandonnée à toutes les convoitises de celui qu'on appelait autrefois son maître et seigneur, tout exclut la compétence du mari ; nous ne répondrons plus à ce raisonnement, car il y aurait de notre part la plus ridicule inconséquence à accorder au mari le droit d'autorisation pour les contrats qu'il passe lui-même avec sa femme, et à le lui refuser quand la femme contracte, avec un tiers, même dans son intérêt. Le résultat le plus pratique et le plus intéressant de notre décision, c'est la permission pour la femme de consentir au profit d'un tiers avec l'autorisation de son mari la restriction ou la renonciation de l'hypothèque légale qu'elle a sur les biens de ce dernier. Après quelques hésitations la jurisprudence a déclaré cet abandon valable, que la femme ait ou non quelque intérêt personnel; la distinction sur ce dernier point, admise d'abord par quelques arrêts, était inutile puisqu'elle n'atteignait pas son but, la femme étant toujours en état de se créer un intérêt personnel en devenant créancière de son mari; elle était de plus inacceptable, comme contraire aux droits de la puissance maritale, laquelle autorise valablement ce que bon lui semble (1).. Après l'abandon du remarquable projet de loi de 1851, sur les hypothèques, la loi

(1) Duranton, Vazeille, Zachariæ, Demante, Cass. 9 janv. 1823.

du 23 mars 1855 a porté le dernier coup au sénatus-consulte Velléien en consacrant cette opinion.

Mais qu'on ne se méprenne pas sur notre pensée ; nous ne nions pas qu'aux droits du mari il n'y
ait des limites ; nous en avons déjà examiné de
nombreuses, et précisément à ce propos de la restriction de l'hypothèque légale de la femme, nous
trouvons encore l'exception de l'article 2144 du
code Napoléon qui fait échec à la puissance maritale ; cette exception est formelle et si nous la met-
tons en présence de nos dernières affirmations,
deux vérités se dégagent de cette partie de notre
matière : au profit d'un tiers, la femme peut consentir avec l'autorisation maritale la restriction de
son hypothèque légale ; — au profit de son mari,
elle ne le peut qu'après avoir pris le conseil de
quatre de ses plus proches parents ; cette exigence
de la loi ne nous étonne pas ; car nous savons avec
quelle répugnance le législateur permet la diminution de cette hypothèque, qui dans son esprit
est la plus sûre garantie de la femme. Ce qui nous
explique aussi la différence assez singulière que
nous venons de mettre en évidence, c'est plus encore le souvenir des idées Romaines que leur véritable influence ; il a laissé dans l'article 2144
une trace discordante avec les principes de notre
sujet et assurément regrettable, mais que nous
sommes contraint de reconnaître.

§ 3. — *Des cas où la justice ne peut pas autoriser.*

Le principe qui doit résulter de ces discussions peut se formuler ainsi : la justice est l'auxiliaire du mari pour la défense des droits maritaux ; à son défaut, elle a le pouvoir dont il ne peut ou ne veut à tort faire usage : elle reprend la puissance maritale en sous-œuvre avec la même capacité et la même étendue.

Et cependant la compétence d'autorisation de la justice n'est pas tout à fait aussi vaste que celle du mari. Notre règle rencontre deux exceptions d'une très-grande importance : Lebrun, dont les travaux sur la puissance maritale sont un monument considérable, énonçait et justifiait ainsi la première : « On n'est pas obligé de recevoir une femme pour exécutrice testamentaire avec une simple autorisation de justice; car le mari qui refuse avertit assez du péril qu'il y a. » Comment expliquer que la femme tienne à se jeter dans les embarras d'un pareil mandat qui la distrairont des soins du ménage et ouvriront la porte à une grande responsabilité ? Dans la pensée de la loi, le présent qui peut être fait à l'exécuteur testamentaire n'est pas un avantage réel et en rapport avec les charges qu'il accepte; il ne peut donc y avoir dans notre hypothèse qu'un danger d'appauvrissement pour la femme, et la

justice ne peut autoriser un acte inutile; c'est ainsi
que nous devrions raisonner si l'article 1029 avait
été limité à son premier paragraphe, et nous re-
grettons pour notre part qu'il ne l'ait pas été. Mais
d'autres idées ont inspiré cet article, car la seconde
partie nous dit que, si la femme est séparée de
biens, elle pourra accepter l'exécution testamentaire avec autorisation de justice; il faut en conclure que le but de la loi a été de maintenir à ce
mandat son degré de rigueur et de sévérité; si la
justice pouvait autoriser une femme commune à
l'accepter, ou la succession aurait été à sa disposition, ou la femme aurait répondu de sa gestion
sur tous ses biens, et la jouissance du mari sur
ceux-ci aurait été atteinte par l'autorisation de
justice, ce qui ne doit jamais arriver, comme nous
le verrons plus tard. Si la jouissance du mari était
respectée, la fortune de la femme serait une garantie insuffisante, et il faut être efficacement
responsable pour gérer les affaires de personnes
qui subissent malgré elles cette gestion, qui au
moins ne l'ont pas créée. Il résulte de cette observation que le juge reprend tout son pouvoir quand
le régime pécuniaire des époux ne donne pas au
mari la jouissance des biens de sa femme (1).

Il n'y a aussi, selon nous, que le mari qui puisse
l'habiliter à faire le commerce; cette exception est

(1) Dalloz, Demolombe.

ligne d'attention. Les règles de cette autorisation étaient déjà anormales dans l'ancien droit. Ainsi, tandis que la femme ne pouvait être habilitée à tout autre acte que d'une manière formelle, elle pouvait l'être à devenir commerçante par un simple consentement tacite, et aujourd'hui l'abstention du mari équivaut encore à son concours. Mais si le consentement marital est facilement présumé, il ne peut être suppléé par aucun autre ; c'est ce que nous dit l'article 4 du Code de commerce : « La femme ne peut être marchande publique sans le consentement de son mari. » Il nous semble qu'on ne peut qu'applaudir à cette rigueur de la loi, et cependant on en a fait de si habiles critiques que la jurisprudence a souvent refusé d'accepter le texte tel qu'il est : la femme devenant commerçante, c'est un bouleversement complet dans les relations des époux et le plus grand risque que leur fortune puisse courir. Serait-il admissible qu'un tribunal si prudent et si éclairé qu'il fût pût changer entièrement la condition d'une famille, introduire au sein du ménage les dissensions sans fin et les angoisses de la ruine, détruire pour toujours la sécurité du mari ? Rien n'eût été plus dangereux ni plus grave ; d'après l'article 7 du même code, les femmes marchandes publiques peuvent engager, hypothéquer et aliéner leurs immeubles. Que serait devenu le pouvoir du mari, surtout sous le régime de communauté, si la femme avait pu, sans son consentement, devenir capable de pareils actes et, de plus, s'exposer à la faillite et à la contrainte par corps? « L'autorisation de commercer, dit M. Demante, soustrait sous certains rapports la femme à la puissance maritale. » Mais cette opinion absolue présente dans la pratique des inconvénients si nombreux que très-peu d'auteurs l'acceptent sans restriction (1).

Quelques-uns ont soutenu que la justice pourrait autoriser la femme séparée de biens à faire un commerce; d'autres veulent que ce droit ne lui appartienne que si la séparation de corps a été prononcée, car les biens du mari ne seront plus en danger ni ses habitudes contrariées; mais ces opinions sont contredites par le texte de la loi qui est formel et inattaquable. Une controverse plus sérieuse s'est élevée sur le cas où le mari est absent ou incapable; ici les partisans de la compétence exclusive du mari sont rudement attaqués, et il y a matière, en effet, à une grande indécision. La plus grave présomption contre l'utilité du commerce, le refus du mari, a disparu pour faire place à la présomption contraire; car si la justice est disposée à faire droit à la demande de la femme, tout porte à croire que le mari ferait de même.

(1) Demante, Bravard-Veyrières, Devilleneuve, Zachariæ,

Peut-on par un obstacle dont il n'est pas possible d'indiquer le terme, empêcher la femme de subvenir à ses besoins les plus pressants, à ceux de ses enfants, à ceux de son mari peut-être? La condamnera-t-on à la misère malgré son courage et son habileté? Cela nous paraît impossible et déraisonnable ; et quoique nous ayons la plus grande défiance des raisons de sentiment, nous ne croyons pas que le texte suffise pour enlever au juge ce droit presque nécessaire. Ni l'article 4 du Code de commerce, ni l'article 220 n'ont prévu cette hypothèse ; elle a été omise et doit en conséquence être réglée par l'équité (1).

En général, la femme devient commerçante avec l'autorisation de son mari ; mais celle-ci n'est plus suffisante quand la femme est mineure. Quelle est alors sa situation? celle d'un mineur émancipé ayant pour curateur légal son mari ; l'article 2 du Code de commerce nous dit que le mineur émancipé ne peut être habilité à devenir commerçant qu'avec l'autorisation de son père, ou de sa mère, ou de son conseil de famille. Pour nous, cela veut dire que la femme aura besoin de ce double consentement, car le texte dit : « Tout mineur émancipé », et il est difficile de croire que de l'article 2 à l'article 4, le législateur ait changé d'avis

____

(1) Marcadé, Molinier, Dalloz ; Paris, 21 oct. 1844. — *Contra*, Bravard-Veyrières.

ou qu'il ait oublié la prohibition qu'il venait d'édicter (1).

L'illustre doyen de la faculté de Caen, M. Demolombe, parlant de ces idées, arrive à cette conclusion, qu'au refus du mari, la femme ne peut être autorisée par la justice à faire une publication littéraire : ici, dit-il, l'intérêt pécuniaire n'est pas principalement en question, mais l'intérêt moral, l'intérêt de la famille exigent que le mari soit seul juge de l'utilité de cette publication; si elle est une œuvre de commerce, ou si elle peut amener un résultat pécuniaire, si à cet effet la femme consent des obligations, M. Demolombe a mille fois raison. Il y a encore dans son opinion apparence de vérité quand la femme livre son nom à la publicité, quoiqu'à notre avis elle ait le droit de porter, comme elle l'entend, son nom ou celui que son mari lui a donné. Mais que penserait le savant professeur si une femme séparée de biens publiait une œuvre littéraire ou faisait représenter une œuvre dramatique sans autorisation, et si d'ailleurs elle n'en devait retirer aucun profit pécuniaire? Quelle loi serait violée? Nous n'en connaissons pas. La puissance maritale ne peut aller jusqu'à enlever à la femme le droit de penser, que la pensée se traduise sous une forme ou sous une autre.

L'article 1556 du code Napoléon nous fournit

(1) Duranton, Pardessus; Toulouse, 26 mai 1821.

encore une hypothèse où le refus du mari est toujours considéré comme juste et raisonnable et où
l'autorisation de justice ne peut être demandée : le
consentement du mari est indispensable à la
femme qui veut aliéner ses immeubles dotaux
pour l'établissement des enfants communs.

§ 4. — *Procédure de la demande d'autorisation, quand la femme est demanderesse au fond.*

Comment la femme introduira-t-elle auprès de
la justice sa demande en autorisation ? Quelle sera
la procédure de cette requête ? Devra-t-on suivre
les mêmes formes quand la femme demande à
ester en justice ou quand elle demande l'autorisation de contracter ? Dans l'ancien droit, dit Merlin,
on faisait une distinction entre les actes judiciaires
et extrajudiciaires, et la procédure était différente.
Retrouvons-nous cette distinction dans les articles
218 et 219 du code Napoléon ? D'après l'article
219, lorsque la femme qui voudra contracter aura
vainement sollicité l'autorisation de son mari, elle
pourra le citer devant le tribunal de première instance du domicile commun qui donnera ou refu-
sera son autorisation, après que le mari aura été
entendu ou dûment appelé dans la chambre du
conseil. Ainsi était réglée la procédure par laquelle
la femme obtenait l'autorisation de contracter :

l'article 218 disait, sans donner aucun autre détail, que c'était au tribunal que la femme devait demander l'autorisation d'ester en justice. On pouvait croire qu'il y avait deux formes de procéder différentes, que l'une avait été déterminée et l'autre omise. L'article 861 du Code de procédure vint compléter le Code civil; il est ainsi conçu : « La femme qui voudra se faire autoriser à la poursuite de ses droits, après avoir fait une sommation à son mari et sur le refus par lui fait, présentera une requête au président qui rendra ordonnance portant permission de citer le mari à jour indiqué, à la chambre du conseil, pour déduire les causes de son refus. »

Dans la pratique. l'article 861 du Code de procédure est devenu la loi unique de la demande en autorisation ; la doctrine avait ainsi raisonné : engagés mal à propos sur le terrain de la procédure, les auteurs du Code civil ne purent achever leur tâche ; le Code de procédure reprit alors l'œuvre entière, et, ne voyant pas de raison de distinguer, il détermina un mode unique d'action. Il n'y a pas entre les deux cas une différence raisonnable, et l'article 861 est aussi prudent, aussi équitable dans une espèce que dans l'autre. Quant à l'argument tiré de ces mots : « la poursuite de ses droits », lesquels, dit-on, ne doivent se rapporter qu'à la femme qui veut ester en justice, les meilleurs esprits en contestent la valeur. Quel que soit l'acte en question, on peut toujours dire de la femme qu'elle s'occupe de la poursuite de ses droits. Nous croyons aussi que la femme ne pourra jamais être habilitée par la justice qu'en observant les formes prescrites par l'article 861 (1).

Mais il est évident que ces formes n'auront de raison d'être observées que si la femme demande une autorisation refusée par le mari; et qu'il n'y aura ni sommation à faire, ni audition dans la chambre du conseil, si le mari est indigne, interdit ou absent; dans ces cas, le tribunal ne peut espérer du mari aucun éclaircissement, et il faut passer outre en allant droit devant le juge (art. 221 et 222). Marcadé soutient que les formes de l'article 861 peuvent encore être négligées quand le mari est mineur; il accorde toutefois qu'il n'y a pas d'inconvénient à ce qu'il soit entendu dans la chambre du conseil : cette opinion paraît contraire au texte de l'article 222, qui ne parle, dans la dispense d'observation des formes, que du mari interdit ou absent. L'analogie n'est pas évidente; le refus du mari mineur peut être sagement motivé, et la religion du tribunal pourra être éclairée par les motifs qu'il donnera à l'appui de sa résistance.

A quel tribunal la femme devra-t-elle porter sa

(1) Marcadé, Dalloz, Valette sur Proudhon.

demande en autorisation? Le tribunal compétent pour en connaître, c'est assurément, si les époux ne sont pas séparés de corps, celui de leur domicile commun; mais si cette séparation a été prononcée entre eux, ils peuvent avoir chacun un domicile distinct et séparé. Quand la femme est demanderesse, il semble d'abord que c'est au tribunal du mari que sa demande doit être soumise; cependant comme il y a là non une contestation litigieuse, mais une simple formalité, M. Valette pense que le mari devrait être cité devant le tribunal de la femme (1).

Le caractère spécial de la demande d'autorisation a donné lieu à une difficulté d'interprétation assez considérable. On sait que la publicité des audiences est un des principes fondamentaux de notre droit; néanmoins nous avons dit que le tribunal devait entendre le mari dans la chambre du conseil; mais où cesse l'exception, la règle reprend tout son empire. Il paraît donc que les rapports, les plaidoiries et les conclusions du procureur impérial doivent être présentées en audience publique : cette décision est très-vivement contestée, et on a donné contre elle les raisons suivantes : il résulte de l'article 861 que la procédure qu'il ordonne doit avoir lieu sans désemparer. « Pourquoi, dit Merlin, parler de règle générale, puisque nous sommes précisément dans l'exception? » S'il

(1) *Contra,* Delvincourt.

en est autrement pour le divorce, c'est que la loi rou-
vrait ensuite l'audience publique; mais ici le secret
de la procédure est prononcé sans terme indiqué,
et, s'il devait finir avant elle, les précautions prises
seraient illusoires : les plaidoiries des avocats
mettraient au grand jour ce que la loi voulait
tenir caché; ceux-ci pourront, comme le fait remarquer M. Dalloz, être entendus dans la chambre
du conseil. Quoique sur cette question la jurisprudence se soit divisée, nous croyons avec la plupart
des auteurs que le caractère intime de cette demande explique le secret imposé par le code à
toute la procédure (1).

Ce ne sera pas seulement devant le tribunal de
première instance que l'audience en cette matière
devra rester secrète, mais bien aussi en appel;
puisque l'appel est de droit commun et qu'aucune
exception n'a été écrite, nous ne nous croyons pas
autorisé à l'interdire et nous remarquons que les
raisons qui ont fait admettre la procédure secrète
en première instance conservant ici leur valeur,
l'audience de la cour devra, elle aussi, se tenir en
la chambre du conseil (2).

Les auteurs du Nouveau Denizart observent avec
beaucoup de vérité que l'autorisation pourrait être
accordée par le juge sous des réserves de fait et

(1) Merlin, Dalloz. — *Contra*, Marcadé.
(2) Dalloz.

sous certaines conditions. Les motifs par lesquels le mari aura expliqué son refus ont peut-être paru sérieux, mais insuffisants. Quoi de plus juste alors que de prendre en habilitant la femme certaines précautions conservatrices, d'ordonner par exemple, le dépôt de deniers empruntés ou le remploi du prix d'objets vendus? N'est-ce pas le cas d'appliquer cette maxime : Qui peut le plus peut le moins (1)?

Quand le tribunal aura rendu un jugement intéressant une femme mariée, si celle-ci veut intervenir devant la cour, ou quand, autorisée à plaider en première instance, elle voudra elle-même porter l'affaire à la cour, ce sera aux magistrats qui la composent que l'autorisation devra être demandée. S'adresser au tribunal, juge du fond en première instance, et solliciter de lui l'autorisation de faire mettre à néant son jugement, ce serait ridicule et illusoire; présenter cette requête à un autre tribunal, ce serait le faire juge d'une question sur laquelle une cour seule peut avoir le droit de décision; ces motifs nous paraissent suffisants pour appuyer notre opinion (2).

Les mêmes arguments nous amènent à cette conclusion que si la femme est encore dans les dé-

---

(1) Nouveau Denizart, Dalloz. Lyon, 6 mars 1811.
(2) Cass. 25 janv. 1843. Besançon, 20 avril 1861. Aix, 13 mars 1862. Carré.

lais pendant lesquels elle peut se pourvoir en cassation, elle pourra se faire autoriser par la cour suprême à présenter sa requête. Un arrêt du 27 mai 1846 avait attribué ce droit au tribunal du mari ; Merlin rapporte un arrêt de 1819 qui remet à la cour de cassation le droit d'autoriser la femme à défendre contre un pourvoi : la jurisprudence moderne a sans réserve adopté notre opinion (1).

§ 5. — *Comment l'autorisation est-elle accordée quand la femme est défenderesse?*

Après avoir posé les règles que la femme doit suivre quand, de sa propre initiative, elle se fait habiliter à passer un acte ou à figurer dans un procès, voyons de quelle manière elle peut être autorisée à ester en justice quand elle est attaquée.

Sur ce point, le principe est net et la jurisprudence unanime; la loi peut se résumer en ces simples mots : quel que soit le tribunal saisi, il peut autoriser la femme incidemment et sans autre forme. Voici l'espèce : les conjoints ont été tous deux assignés; le mari n'a pas autorisé sa femme; le tribunal, à l'ouverture des débats, lui donne l'autorisation. Nous ne voulons pas dire qu'il doive nécessairement la donner; il est possible que la

(1) Cass. 2 août 1833. Rouen, 29 fév. 1856. — *Contra*, Lyon, 7 avril 1818.

résistance à la demande soit injuste et le refus du mari entièrement justifié, que la femme n'ait qu'à perdre en se défendant : en ce cas, les juges pourront refuser l'autorisation , donner défaut contre la défenderesse et accorder à l'adversaire le profit de ses conclusions; mais il arrivera plus souvent qu'à première vue, soit sur l'objet même du débat, soit sur son étendue, le droit ne s'affirmera pas avec une complète évidence. Qu'y aura-t-il à faire autre chose que de donner libre cours à la défense? Ce sera le devoir du tribunal saisi; tribunal civil ou de commerce, il importe peu, nous dit Pothier. Il n'est pas nécessaire que la femme prouve la justice de sa demande; la maxime de droit qui commande notre règle est celle-ci : *Accessorium sequitur principale* (1).

(1) Merlin, Pothier, Dalloz, Zachariæ, Valette, Duranton.

CHAPITRE VI.

§ 1er. — *De la ratification par le mari.*

Une des questions les plus importantes de notre matière, qui est restée l'une des plus discutées, va nous arrêter quelque temps : la ratification donnée par le mari à un acte passé par la femme suffit-elle pour valider cet acte et le mettre à l'abri de la nullité?

Voyons d'abord quel était dans l'ancien droit l'état de cette question.

Au livre Ier des *Institutes*, Justinien nous dit que l'autorisation donnée après l'acte est nulle (*post tempus nihil agit*). Il ne s'agit là que de l'autorisation du tuteur. Sur celle du mari, la doctrine du droit coutumier est bien loin d'être aussi nette. L'accord ne s'était produit ni dans les coutumes ni dans leur interprétation. Soit qu'ils partissent de cette idée que l'incapacité de la femme était toute dans son intérêt, ou de celle-ci, que la nullité de l'acte était absolue, beaucoup de jurisconsultes disaient comme Pothier : l'autorisation doit être jointe à l'acte; le néant ne peut pas recevoir de confirmation. Mais la jurisprudence hésitait, et Leprêtre cite deux arrêts du Châtelet de Paris qui accordèrent à l'acte ratifié une valeur *ut ex nunc*. Lebrun nous dit : Plusieurs arrêts ont validé l'autorisation postérieure, mais c'est un relâchement des principes, car l'acte est nul *ipso facto*. De ces citations, il résulte que la nullité absolue de l'acte était dans l'ancien droit le point le plus généralement admis.

Or cet argument qui avait décidé les anciens auteurs nous échappe sous l'empire du code dont l'article 225 déclare la nullité de l'acte relative et non absolue; il nous faut trouver d'autres raisons de décider. Les travaux préparatoires ont été invoqués par les deux opinions et laissent la question indécise. Dans le projet du code, on permettait au mari la ratification postérieure, et ce paragraphe a disparu; on conclut en sens différents ou que son objet a disparu, ou qu'il a été rayé comme faisant double emploi avec d'autres dispositions; nous n'insisterons pas sur ces arguments, dont la valeur est toujours douteuse.

Nous retrouvons ici la question-mère de notre sujet; ceux qui ne voient d'autre raison à la puissance maritale que les droits du mari, chef du ménage, feront bon marché de l'action de la femme et remettront toute décision dans les mains du mari; mais si, comme nous l'avons déjà décidé, la faiblesse du sexe et son incapacité ont eu poids dans les conseils du législateur, il devient difficile de n'en tenir aucun compte en permettant au mari de mettre à néant l'action de la femme par une ratification postérieure à l'acte.

Mais, a-t-on dit, ne s'agit-il pas d'un acte passé par une personne dont la capacité est complète avec l'autorisation d'une autre, et aussi d'un acte dont la nullité n'est pas absolue? Puisqu'il a une existence incertaine et incomplète, il attend comme tous les actes annulables sa ratification. Pour la validité de l'acte du mineur, que faut-il? la ratification de ce mineur devenu majeur. L'acte de la femme doit valoir, si l'autorisation maritale vient le compléter. Sans doute, cette raison paraît très-spécieuse; mais, à un examen approfondi, on s'aperçoit qu'elle se retourne contre ses auteurs. Quand un acte annulable est ratifié par un majeur, c'est son auteur même qui le confirme; dans notre espèce, au contraire, la ratification est faite au détriment de la femme et par un autre : quelle analogie y a-t-il entre ces deux hypothèses?

Dans les coutumes où la nullité de l'acte passé sans autorisation n'était que relative, le mari, dit Marcadé, pouvait ratifier l'acte. Nous l'entendons bien, mais ces coutumes n'avaient pas ouvert deux actions en nullité, l'une au profit du mari et comme sanction de sa puissance, l'autre au profit de la femme et comme protection pour sa faiblesse. Ces deux actions ont été créées par l'article 225. Que le mari puisse abandonner la sienne, c'est très-juste, mais comment une loi équitable lui permettrait-elle de renoncer à l'action offerte à sa femme et qui est une partie de la fortune de celle-ci (1)?

Si le mari avait la faculté de ratifier, il pourrait l'exercer tacitement aussi bien qu'expressément, et il en résulterait que si dix ans s'étaient écoulés sans qu'il ait demandé la nullité, la ratification serait acquise contre lui et contre sa femme : que deviendrait alors l'article 1304 qui ne fait courir la prescription qu'à partir de la dissolution du mariage? Il serait à craindre aussi que le mari ne prît avec des tiers des arrangements funestes à sa femme et que de grands intérêts fussent menacés.

En résumé on décide dans une première opinion que le mari peut donner à l'acte par une ratification postérieure une existence définitive, pourvu que cette ratification intervienne avant que la femme ait mis son action en mouvement ; dans la seconde, que nous admettons sans réserve, on refuse ce droit au mari, qui ne peut renoncer qu'à son action personnelle.

§ 2. — *De la ratification par la femme.*

Aussi longtemps que l'action en nullité accordée au mari peut être exercée, la femme n'a aucun moyen de ratifier seule l'acte qu'elle a indûment passé.

(1) Demolombe, Toullier, Valette. *Contra*, Marcadé. Paris, 12 mai 1859, Dalloz, Zachariæ, Duranton, Proudhon, Huguet.

Une doctrine très-spécieuse, et très-bien motivée, appuyée sur l'étendue presque illimitée des pouvoirs de la justice, a tenté de ruiner la puissance maritale. Voici de quelle façon elle réussit à l'annuler au profit du pouvoir des juges qu'elle qualifie avec habileté de délégation de la puissance publique. La justice, disent les théoriciens dont nous discutons l'avis, est apte à habiliter la femme à toute espèce d'actes : son pouvoir n'est donc pas en échec devant les actes confirmatifs : or si une femme ayant passé un contrat nul sollicite des juges l'autorisation de le confirmer, ceux-ci, qui auraient pu l'autoriser à passer l'acte, peuvent également l'autoriser à lui donner une validation postérieure : ou bien on arriverait à ce singulier résultat, que la femme n'aurait qu'à demander l'annulation du contrat illégalement passé, et dès qu'elle l'aurait obtenue, consentir de nouveau l'obligation avec autorisation de justice, de sorte que tout le profit serait pour le trésor : par un mode ou par l'autre l'acte sera confirmé; parler des droits du mari, ce serait dire que pendant un temps indéfini s'il est absent ou interdit la propriété sera indécise.

Voilà certes de fortes raisons et cependant il faut ou les mettre à néant ou dire que la puissance maritale n'est qu'un vain mot sans défense et sans sanction. Nous ne sommes point ému de ce tableau qu'on nous présente de la propriété indécise, des droits des parties en suspens; bien loin de nous en inquiéter nous y trouvons la garantie que la loi sera exécutée : tant pis pour ceux qui passent des contrats illégaux; ce sont précisément les embarras dans lesquels ils se sont jetés et la fragilité de leurs droits qui font la force du pouvoir marital : mais nous soutenons de plus que l'acte étant illégalement passé, la justice ne peut en aucune manière en autoriser la confirmation. L'article 1388 déclare que la confirmation d'un acte ne pourra jamais avoir lieu au préjudice des droits des tiers; et puisque le mari est un tiers à qui compète une action en nullité de ce contrat invalide, il faut que ses droits soient réservés, que son action lui reste entière; si sous un prétexte d'utilité publique ou privée, la justice portait atteinte à la puissance maritale, elle excéderait ses pouvoirs et nous maintenons avec énergie qu'il n'y a pas sur ce point d'autre vérité (1).

De ce que le mari aurait concouru à un acte passé par sa femme, il ne serait pas raisonnable de conclure qu'on ne pourrait plus faire valoir contre cet acte tous les autres moyens de nullité dont il serait entaché : personne n'a qualité pour s'opposer aux prescriptions de la loi et il ne suffit pas que l'une d'elles soit observée; il faut qu'elles le soient toutes avec la plus minutieuse exactitude.

(1) Zachariæ. Toulouse, 18 août 1827.

CHAPITRE VII.

Nous n'avons plus à revenir sur l'autorisation que la justice peut accorder à la femme mariée : il nous reste à envisager les effets de la puissance maritale, en laissant de côté cet autre pouvoir qui est tantôt son correctif, tantôt son auxiliaire.

L'autorisation est le remède à l'incapacité de la femme; mais nous avons déjà dit qu'elle n'est valable qu'à condition d'être spéciale; dans les hypothèses diverses que nous allons passer en revue, nous supposons l'autorisation accordée. L'intention du mari d'habiliter sa femme se sera manifestée; mais quelle capacité aura-t-il donnée? dans quelle mesure aura-t-il consenti? C'est cette question d'interprétation du consentement du mari qui se présente la première à notre examen.

Quand un principe est bien posé, les conséquences en découlent naturellement et avec clarté. De ce que la capacité de la femme se complète par le consentement du mari, il résulte qu'elle ne sera augmentée que dans la mesure de ce consentement; l'inaptitude de la femme, voilà le droit commun, c'est de lui que dans le doute il faut se rapprocher. L'autorisation devra être interprétée rigoureusement : lui donner un sens large, ce serait substituer à la volonté compétente une volonté inefficace; on ne peut rien dire de plus pour déterminer les règles déterminatives des consentements qu'en divers termes un mari peut donner; mais s'il s'est borné à habiliter sa femme à un acte juridique défini par un mot, comme plaider, faire le commerce, le champ de la discussion se rouvre et les docteurs attribuent des limites différentes à la capacité de la femme.

Autorisée à plaider, elle ne l'est pas à transiger; rien n'est plus facile à démontrer à l'aide de ces deux arguments : 1° transiger, c'est abandonner une partie de ses droits, faire pour ainsi dire la part du feu, et plaider, c'est, au contraire, les poursuivre sans hésitation dans leur intégrité; 2° la capacité de transiger est différente de toute autre, comme le prouve l'article, qui n'accorde pas le pouvoir de transiger au tuteur qui a le pouvoir de plaider. On est à peu près d'accord aussi sur ce point, que le consentement d'ester en justice ne contient pas celui d'acquiescer ou de se désister. N'est-ce pas plutôt refuser de plaider? C'est alors plutôt, comme le dit M. Dalloz, l'autorisation contraire que la femme devrait solliciter.

Mais la femme habile à ester en justice pourra-t-elle agir par tous les moyens qui sont à la disposition des autres plaideurs ; n'en est-il pas quelques-uns qui lui sont interdits? En principe l'autorisation de plaider entraîne celle d'introduire tous les moyens dont la loi permet d'user pour la découverte de la vérité : cependant il faut se garder d'être trop absolu ; nous ne pensons pas que la femme puisse déférer à son adversaire le serment décisoire ; ce faisant, elle aurait dépassé le consentement de son mari ; car la délation du serment, c'est une sorte de transaction, une transaction sous les yeux du juge. La justice ne fait qu'enregistrer la décision de l'adversaire et en vérité il n'y a pas là de procès. Ainsi, à moins d'y être spécialement habilitée, la femme n'est pas apte à introduire la procédure du serment (1); mais puisque cela tient à son incapacité personnelle d'agir, du moins son contradicteur aura-t-il la ressource de lui déférer le serment. Devra-t-elle obtenir de son mari le consentement exprès de répondre à cette offre de transaction qui est entièrement à son avantage? L'adversaire sera-t-il privé de ce moyen, de cette garantie de droit commun? Sa position va-t-elle être rendue plus mauvaise par l'impuissance juridique de la femme, et celle-ci pourra-t-elle ainsi empêcher la manifestation de la vérité? Eh bien, sans accepter toutes ces conclusions, nous croyons

(1) L. II. Dig. de Jurej. — Angers, 28 Janv. 1825.

vrai leur point de départ; à défaut du mari que la justice autorise la femme. Ce qu'il ne faut pas oublier, c'est qu'aux termes de l'article 1301 on ne peut déférer le serment qu'à celui qui peut le référer, et puisque nous savons déjà que la femme ne le pourrait pas, nous pensons que le législateur, qui a protégé toutes les incapacités, n'a pu abandonner celle-ci. La décision devrait être différente s'il s'agissait du serment supplétif; c'est là un simple moyen d'instruction qui ne termine pas le procès et n'est qu'un renseignement : les juges peuvent toujours y avoir recours.

Que dirons-nous des aveux que dans le cours du procès le femme aura faits? A-t-elle encore besoin d'un consentement spécial? L'interrogatoire sur faits et articles est de droit commun; chacun peut y être soumis; il n'y a aucune raison de refuser à l'adversaire le droit de profiter de la lumière qui se fait sur la question et que le tribunal recherche; on ne peut déclarer que la femme se mettra à l'abri sous toutes les obscurités; mais si l'aveu était frauduleux et n'avait été fait que pour déguiser certains actes, le mari pourrait en demander l'annulation, puisqu'on se serait joué de sa puissance.

Quand, au début d'une contestation litigieuse, la femme est autorisée soit par son mari, soit par la justice à poursuivre ses droits, sans que son pouvoir soit défini autrement que par le mot : plaider, peut-elle, en vertu de cette seule autorisation, figurer en appel ou en cassation? Pour donner de cette question une solution précise, quelques observations sont nécessaires. On peut admettre d'abord qu'elle n'outrepasserait pas son droit en formant opposition à un jugement pris contre elle par défaut : absente jusque-là du procès, elle ne fai que se conformer à l'autorisation en ouvrant le débat contradictoire; mais après le jugement de première instance qui l'a condamnée, peut-elle former appel? après l'appel, se pourvoir en cassation? Si elle a obtenu gain de cause, est-elle habile à défendre devant toutes les juridictions le jugement qui lui a été favorable? Cela est douteux, et cette difficulté a fait naître de grandes controverses. Dans les premiers temps où elle eut à interpréter le code, la cour de cassation se prononçait dans le sens rigoureux et limitait en tous cas l'autorisation de plaider à la procédure de première instance (1); elle était convaincue, moins par l'interprétation du mot que par les dangers d'un pouvoir aussi large et la présomption de volonté du mari. Mais cette opinion était déjà vivement combattue par Merlin; le savant jurisconsulte soutenait que, si la femme condamnée en

(1) Cass. 25 mars 1812. — Cass. 14 juillet 1819. — Duranton, Zachariæ, Mimerel.

première instance avait épuisé ses pouvoirs, il n'en était pas de même de celle qui avait gagné son procès, car sa cause paraît tellement juste que l'autorisation ne peut plus lui être refusée; il n'y a donc pas à élever l'obstacle d'une ridicule formalité (1). Il s'appuyait sur cette pratique du droit administratif, consacrée par la jurisprudence des parlements et, depuis, édictée par la loi de 1837, qui établissait de cette façon le droit des communes autorisées à plaider. Les auteurs et les arrêts plus modernes ne paraissent favorables à aucun de ces systèmes. L'analogie invoquée par Merlin conduit à l'arbitraire; car la femme qui perd son procès en première instance a été autorisée dans les mêmes termes que celle qui l'a gagné, et elles se trouveraient avoir deux situations différentes créées par le même mot. L'appel met à néant le premier jugement. Le mari qui habilite sa femme à ester en justice veut qu'elle poursuive ses droits avec énergie, qu'elle les défende par tous les moyens ordinaires (2), et, comme le fait remarquer M. Demolombe, l'appel est une voie ordinaire qui a dû être prévue par le mari. Quel inconvénient y a-t-il à développer dans cette limite le droit de la femme? Le mari ne peut-il pas toujours retirer son consentement?

(1) Cass. 5 avril 1840. Cass. 25 janv. 1843.
(2) Bourges, 27 nov. 1829. Cass. 27 mai 1846.

Ceci dit pour l'appel, nous devons constater que les conclusions des auteurs qui adoptent cette troisième opinion, sont beaucoup moins précises au sujet du pourvoi en cassation. C'est qu'en effet ce n'est plus là une phase prévue du procès, une voie ordinaire, et on est tenté de décider que le pourvoi en cassation, comme la requête civile et les autres voies extraordinaires, ne peuvent être essayés qu'avec une autorisation spéciale.

Tout ce que nous avons dit de l'autorisation de plaider accordée par le mari, il faut le dire de celle donnée par la justice. Toutefois si elle l'avait été incidemment, elle n'aurait de valeur que pour l'instance engagée, car elle n'a été donnée que pour l'accessoire et sans autre examen (1).

Si l'autorisation d'ester en justice a donné lieu à tant d'interprétations diverses, il est aisé de comprendre que celle de faire un commerce ne sera pas plus facile à expliquer et à limiter.

Ce qui d'abord est certain, c'est que la femme a plein pouvoir en ce qui concerne son négoce; ceci nous est déclaré dans les mêmes termes par le Code de commerce et par le Code civil. L'article 7 du premier affirme nettement le droit de la femme marchande publique d'aliéner et hypothéquer ses immeubles. Le négoce dont il est question dans ces articles, c'est celui sur lequel a porté le con-

(1) Cass. 5 août 1810.

sentement du mari. Il ne faut pas croire que la femme autorisée à faire un commerce puisse en établir un autre qui n'aura pas été prévu, ou donner au premier une extension telle qu'il ne soit plus le même en réalité. Si, pour faire le commerce en général, il est utile d'avoir une certaine aptitude, chaque négoce exige des connaissances spéciales, des conditions d'existence différentes. C'est autre chose, par exemple, de vendre des marchandises en détail ou de les vendre en gros, de faire un commerce intérieur ou d'exportation : il arrivera souvent que la limite du consentement marital sera mal définie : le devoir des juges sera de concilier avec sagesse le respect dû aux droits maritaux, et la liberté d'allure utile à tout commerçant ; mais, après ce que nous venons de dire de la diversité d'aptitudes nécessaire aux différents commerces, nous maintenons que la spécialité d'autorisation étant indispensable, celle qui serait donnée à une femme de faire le négoce qui lui plaira serait absolument nulle ; encore que dans ce cas la présomption de volonté du mari suffise, il faut qu'elle porte sur un fait ou un ensemble de faits bien définis.

Pour tout ce qui concerne le négoce, l'incapacité de la femme a entièrement disparu : on ne pouvait pas dire plus clairement que tous les actes étrangers à ce commerce restent soumis à la puissance maritale; mais parmi les obligations que la marchande publique pourra contracter, il en est qui ne se rapportent qu'indirectement à son commerce; si, ayant besoin d'un crédit restreint, elle hypothèque tous ses immeubles, ou se procure des sommes importantes dont le maniement reste étranger à son entreprise commerciale; si elle commence des constructions qui ne doivent servir ni à sa personne ni à ses marchandises, elle aura dépassé ses droits; car pour ces actes elle avait besoin d'autorisation; sa qualité de marchande publique ne l'affranchit du contrôle de la puissance maritale que dans la gestion de son commerce; si l'article 7 du Code de commerce n'a pas borné le pouvoir qu'il lui donne, c'est que la limite avait été placée dans son article 5, et qu'il n'était qu'un développement de la règle qui venait d'être posée.

Un des besoins les plus fréquents du commerce, c'est l'association : celle-ci répond soit au défaut de crédit, soit à la défiance du public, et plus souvent encore à la nécessité de trouver des débouchés aux marchandises : deux négociants peuvent s'associer pour un acte déterminé ou pour toutes leurs affaires. Refuser à la femme le droit de passer avec un tiers un contrat de société, c'est la priver d'une ressource importante, et cependant les auteurs les plus autorisés, avec lesquels la jurisprudence paraît faire alliance, s'appuyant sur des considérations morales et juridiques, exigent de la femme qu'elle obtienne pour cet acte une autorisation spéciale. En vain leurs adversaires, invoquant le texte légal, disent-ils que cette société concerne le négoce entrepris; qu'il serait puéril de refuser à la femme le droit de s'associer pour un acte unique, et qu'il faut interpréter dans un sens large les pouvoirs des commerçants. En vain citent-ils un arrêt de la cour de Caen, autorisant le mineur émancipé à contracter une société avec un tiers; ces auteurs rigoureux redoutent cette association d'un tiers avec la femme, la considèrent comme contraire au lien matrimonial, et puisqu'il ne s'agit ici que d'une simple interprétation de la volonté du mari, veulent qu'elle soit expressément consultée sur ce point (1).

La femme commerçante pourrait-elle cautionner un autre commerçant? Elle le pourrait, nous dit Merlin, si elle lui était associée. C'est ce que longtemps avant lui Voët enseignait dans son explication des Pandectes (2); nous ne voudrions pas refuser ce droit à la femme, car ce sera souvent le seul moyen qui lui restera d'assurer le crédit nécessaire à la société dans laquelle elle est engagée.

Mais puisque l'acte sera valable, s'il est relatif au négoce de la femme, et nul, s'il ne l'est pas,

(1) Demolombe, Pardessus, Delangle.
(2) Voët, *ad Pandectas*, lib. XXIII, tit. 2, n° 11.

puisque l'intérêt des tiers se trouve par cette question mis en jeu, il est de la plus haute importance de savoir si, quand la commercialité sera douteuse, elle devra être présumée. Lorsque la femme aura déclaré au tiers que l'acte, qu'elle passe avec lui, est fait dans l'intérêt de son commerce, si d'ailleurs il n'y a pas invraisemblance, le tiers est par sa bonne foi à l'abri de toute attaque; mais, dans le cas contraire, quel intérêt doit être préféré? celui du tiers ou celui de la femme? En partant du droit commun qui est l'incapacité de la femme, à laquelle il n'est dérogé que dans la limite des faits de commerce, on a pu soutenir que l'acte était annulable; car rien ne démontre qu'il soit dans l'exception qui seule peut le valider. La présomption légale de l'article 638 du Code de commerce énoncée en ces termes : « Les billets souscrits par un négociant seront censés faits pour son commerce », ne doit pas être appliquée dans cette espèce pour plusieurs raisons; ce n'est pas par un argument d'analogie qu'il est permis d'étendre une présomption légale d'un cas à un autre non directement prévu. Or cette présomption, qui d'ailleurs ne s'applique qu'aux billets, n'a été créée que pour une question de compétence, comme le prouvent sa rédaction et la place qu'elle occupe dans le code; de plus elle a en vue des obligations souscrites par des commerçants dont la capacité n'est

pas contestée. Or de cette présomption de compétence faire une présomption de capacité, c'est interpréter la loi d'une façon arbitraire (1).

Ces arguments sont vivement combattus. Une
autre opinion prenant pour base d'argumentation
la bonne foi, cette règle suprême de notre droit,
soutient que l'acte sera présumé commercial toutes
les fois qu'il aura par sa forme ou renfermera dans
sa nature quelque apparence de commercialité; il
nous paraît certain qu'à cette opinion se rattachent
et les auteurs qui n'admettent cette présomption
que pour les billets à ordre, et ceux qui ne l'admettent que pour les billets à ordre et les aliénations prévues par l'article 7 du Code de commerce :
c'est bien l'apparence de commercialité qui leur
fait accepter la présomption (2); mais ils l'aperçoi-
vent avec plus ou moins de facilité. D'autres jurisconsultes, donnant à cet article 7 une plus
vaste étendue, présument commercial même un
acte d'emprunt passé chez un notaire. Le tiers,
disent-ils, ne peut demander à la femme la preuve
qu'elle a dans ce contrat un intérêt commercial.
Souvent la femme se ferait tort en révélant le secret de ses affaires. Cet acte n'est-il pas prévu au
Code de commerce, et dès lors le tiers n'a-t-il pas
dû croire qu'il était régulièrement passé ?

(1) Toullier, Pardessus, Massé.
(2) Marcadé, Duranton.

L'argument à l'aide duquel les partisans de la première opinion veulent éviter la présomption légale inscrite dans l'article 638, est serré de près avec une grande vigueur par M. Valette, dans ses observations sur Proudhon : il démontre clairement qu'il y a dans cet article une présomption de commercialité, et que la question de compétence n'est que le résultat de cette présomption ; celle-ci s'impose à tout négociant aux termes de l'article, et la femme ne peut à aucun titre s'y soustraire quand elle est marchande publique. Cet argument nous paraît irréfutable, et sous son autorité nous croyons qu'il faut présumer commerciaux les actes qui, sans l'être en apparence, ont été souscrits par la femme en vertu du droit à elle conféré dans l'article 7 du Code de commerce (1).

(1) Valette sur Proudhon.

CHAPITRE VIII.

DES EFFETS DE L'AUTORISATION.

Le principal effet de l'autorisation est de rendre
la femme capable comme toute autre personne :
donnée par le mari, elle produit aussi vis-à-vis de
lui certains résultats.

Dans cet ordre d'idées, une des plus anciennes
maximes du droit se présente d'abord à notre esprit ; les jurisconsultes romains disaient déjà :
Qui auctor est, non se obligat. Lorsqu'une personne
a sur un patrimoine qui lui est étranger un droit
d'assistance ou de conseil et qu'elle autorise une
modification dans la composition de ce patrimoine,
elle ne peut tirer de son intervention aucun profit,
et il serait tout à fait injuste de la rendre responsable du conseil désintéressé qu'on lui aurait demandé : c'est le cas de déclarer qu'elle ne sera pas
personnellement obligée par l'autorisation qu'elle
aura donnée ; mais excepté sous le régime de séparation de biens où la fortune de chaque époux
est entièrement distincte, nous ne trouvons pas
dans l'intervention maritale les caractères que
nous venons d'indiquer. Presque toujours le mari

profitera de l'acte passé par sa femme. Il n'y a donc pas lieu d'appliquer ici la maxime que nous venons de citer; mais il est facile de voir que, si elle n'est pas applicable en général, c'est à cause des conventions matrimoniales et non par l'altération de son principe. Aussi M. Valette a remarqué que la question se rapportait moins à la puissance maritale qu'aux différents régimes des biens.

Supposons les époux communs en biens. L'article 1419 dit que les créanciers peuvent poursuivre le payement de dettes que la femme a contractées avec le consentement du mari tant sur les biens de la communauté que sur ceux du mari et de la femme. Cette disposition a été inspirée par la pensée que ces obligations sont souscrites dans l'intérêt de la communauté : cela apparaîtra avec la plus grande évidence quand les dettes seront la conséquence du commerce de la femme. Delvincourt dit que le mari est vraiment l'associé en nom collectif de la femme. Comment alors ne serait-il pas responsable? comment ne perdrait-il pas la jouissance des biens que le négoce a fait aliéner? La communauté pourrait toujours en agissant par la femme échapper aux obligations dont elle aurait tiré profit : c'eût été l'oubli de toute sagesse, et le législateur a échappé à ce péril en permettant au créancier de poursuivre le mari (1).

(1) Merlin, Delvincourt, Proudhon, Duranton.

Cette règle admise, la logique veut que, s'il est des hypothèses où manifestement l'autorisation n'a pu être d'aucune utilité au mari, il soit alors affranchi de toute responsabilité. Or les articles 1413 et 1432 du Code civil, auxquels certains interprètes ont ajouté quelques espèces analogues, ont prévu deux de ces hypothèses : l'acceptation par la femme d'une succession purement immobilière et la vente d'un immeuble propre. La loi déclare que les dettes qui seront la suite de ce quasi-contrat de succession ne pourront être poursuivies que sur tous les biens de la femme; pour celles qui résulteront de la vente, le mari n'en devra non plus rien supporter. C'est qu'en aucune façon ces actes ne peuvent profiter à la communauté ni au mari qui les autorise; mais cela veut-il dire que le mari ne doit pas subir la conséquence de son autorisation? Il n'y a, disent certains auteurs, aucune exception à sa responsabilité, car dans l'article 1413, qui est le plus favorable au mari, on voit que la femme peut être poursuivie sur tous ses biens personnels, c'est-à-dire tant sur la nue propriété qui est à elle en propre que sur la jouissance qui appartient au mari : cette jouissance, il la perdra, et c'est l'effet de son consentement. Ceci résulte clairement de la comparaison de l'article 1413 avec tous les autres articles qui règlent ce sujet (1).

(1) Toullier.

Ces raisons n'ont pas été acceptées par la majorité des auteurs, qui les combattent en disant que si le mari perd la jouissance de ces biens, c'est qu'il est présumé avoir abandonné cette jouissance par son autorisation; mais il n'est pas responsable et quand les créanciers saisissent, c'est sur la femme et non sur le mari qui y a renoncé; mais après cette réponse les jurisconsultes qui soutiennent cette deuxième opinion se divisent : les uns pensent que le mari n'est responsable ni dans l'hypothèse de l'article 1413 ni dans celle de l'article 1432; car dans toutes deux l'intervention de la puissance maritale s'est produite sans aucun intérêt, et comme s'il s'était agi de l'habilitation d'un mineur (1) : les tiers le savent et ne doivent espérer aucun recours. Les autres n'admettent l'irresponsabilité du mari que dans le quasi-contrat d'acceptation de succession immobilière. Ils donnent cette raison, que dans la vente le mari a pu concourir à l'acte; qu'en cas de succession il n'a pas concouru et que les tiers n'ont pu être trompés (2).

Ainsi quand des dettes ont été contractées par la femme avec l'autorisation du mari, le créancier les a tous deux pour débiteurs, ils sont tenus si effectivement, qu'avant la loi de 1867 on discutait

(1) Lyon, 2 février 1825. — Zachariæ, Demante, Valette sur Proudhon.
(2) Vazeille.

vivement le droit du créancier de soumettre le mari à la contrainte par corps, quand les actes de la femme l'y soumettaient elle-même.

Fouquet remarque dans son *Encyclopédie du droit* que les auteurs du code Napoléon paraissent n'avoir considéré les effets de l'autorisation que relativement aux époux mariés sous le régime de la communauté : ce n'est pas sous le régime de la séparation de biens que la difficulté surgira : car les raisons qui nous ont fait accepter la responsabilité du mari commun nous forcent à rejeter celle du mare séparé. Il y a une exception admise par la loi dans le cas d'aliénation d'un immeuble de la femme. L'article 1450 impose au mari l'obligation de faire le remploi du prix de vente; sinon il est réputé avoir reçu ce payement. Ainsi la maxime: *qui auctor est non se obligat,* doit être appliquée sous le régime de séparation de biens.

Mais sous les autres régimes de biens en l'absence de texte légal, quels effets l'autorisation produira-t-elle vis-à-vis du mari? Conclurons-nous du silence de la loi que les règles du régime de communauté ne pourront être appliquées ni sous le régime dotal ni sous le régime exclusif de communauté; ceci a donné lieu à de vives et longues discussions que nous essayerons de résumer.

La question ne se présente sous le régime dotal

que si la femme s'est constituée en dot tous ses biens présents et à venir; car aux paraphernaux c'est le régime de séparation qui est applicable; dans un premier système on soutient que le mari n'est jamais responsable ; en outre de l'argument de texte qui ne crée cette responsabilité que sous le régime de communauté, on fait valoir cette autre raison, que le mari ne peut tirer aucun profit du commerce de sa femme. Si l'on pouvait, disent les partisans de cette opinion, admettre que l'industrie soit un bien, le mari en aurait les fruits; mais les anciens auteurs et les textes légaux repoussent cette idée; l'industrie n'est pas un bien et ses produits ne sont pas des fruits; le mari n'en a pas la jouissance; ils formeront un capital dotal qui devra être restitué à la femme et qui dès sa formation sera paraphernal; le mari ne doit pas être obligé, car il est simplement autorisant (1).

C'est précisément ce que contestent avec énergie les défenseurs du système opposé; pour eux l'industrie n'est pas une faculté personnelle, elle est un bien constitué en dot, qui produira des fruits dont la jouissance appartiendra au mari : *beare est prodesse*. Cette idée se produit souvent dans le code et notamment dans l'article 1833, qui permet de faire dans une société un apport d'industrie, et dans

(1) Marcadé. — Bordeaux, 30 mai 1816. Nîmes, 17 juin 1809.

l'article 1498 qui fait tomber dans la communauté d'acquêts les bénéfices provenant de l'industrie des époux; rien ne peut être plus clair et plus net ; le mari sous le régime dotal doit être tenu plus rigoureusement que sous celui de communauté; car, et c'est M. Dalloz qui le fait remarquer, il profitera seul de l'industrie de sa femme, tandis que sous l'autre régime les fruits de cette industrie viendront grossir la communauté; cette opinion nous paraît juste et nous admettons volontiers la conclusion de M. Duranton : « Si tous les biens de la femme sont dotaux, tous les bénéfices seront assimilés à des fruits et reviendront au mari » ; de là résulte sa responsabilité (1).

Cette solution admise sous le régime dotal, il y aurait inconséquence à la repousser sous le régime exclusif de communauté; car ce dernier donne au mari la jouissance de tous les biens de sa femme. Nos arguments trouvent là une nouvelle force et la nécessité de la responsabilité du mari devient plus nette encore.

Nous avons vu quels doivent être, selon la diversité des conventions matrimoniales, les effets de l'autorisation donnée par le mari lui-même. Qu'arrivera-t-il si elle a été accordée par la justice?

Pothier a résumé les effets de cette autorisation:

(1) Duranton, Delvincourt, Nougier, Molinier.

« La seule différence, dit-il, entre l'autorisation du mari et celle du juge, c'est que sous le bénéfice de la seconde, le créancier ne peut poursuivre la femme, que sans faire fort au mari, à moins qu'il n'en ait profité. » Cette opinion a été admise en entier par l'article 1426 du Code civil; les créanciers d'une femme en vertu d'une autorisation de justice ne peuvent poursuivre ni la communauté ni le mari; ils n'ont d'action que sur la nue propriété des biens de la femme, sans pouvoir atteindre la jouissance qui par contrat de mariage a été donnée au mari. Ici il n'y a aucune distinction à faire : peu importe le régime matrimonial des époux, les droits du mari ne peuvent être atteints que s'il a lui-même consenti à l'acte : cette règle ne souffre que les deux exceptions écrites dans l'article 1427 : ces effets sont produits par toute autorisation de justice, qu'elle ait été donnée au refus du mari ou à cause de son incapacité. L'article 1426 n'établit entre ces deux hypothèses aucune différence, et c'était déjà l'avis de Pothier et de Lebrun (1).

(1) Delvincourt, Proudhon, Dalloz.

CHAPITRE IX.

Le droit du mari de surveiller sans cesse les actes de sa femme et de l'empêcher de contracter, peut se manifester de deux manières différentes, ou par le refus d'autorisation, si l'affaire au début lui paraît mauvaise et difficile à mener, ou par la révocation de l'autorisation si elle a été donnée à tort et si ses conséquences prennent des proportions imprévues. Le droit de révoquer est toujours dans les mains du mari, et il peut en user à son gré sous cette réserve unique de n'en pas faire abus dans le but de nuire à sa femme.

L'autorisation donnée dans le contrat de mariage n'offrirait pas plus de résistance que les autres à la volonté maritale. Lebrun nous donne la raison de cette décision et rien ne fait mieux voir que les termes dont il se sert en quelle nécessité était déjà tenue l'autorisation : « On a souvent reçu, dit-il, les procurations et autorisations faites en un contrat de mariage, parce que toutes les clauses qui ne choquent pas les bonnes mœurs sont licites dans ces sortes de contrats; mais l'autorisation, c'est une loi naturelle, et à celles-là on ne peut déroger même par contrat de mariage. » Nous n'avons rien de plus à dire ; car toutes les raisons qui ont fait établir le droit d'autoriser se présentent avec autant de force lorsqu'on examine l'utilité du droit de révoquer. Excepté dans le cas prévu d'adoption du régime de séparation de biens, toute autorisation donnée à la femme par contrat de mariage serait révocable, parce que l'immutabilité de cette convention porterait atteinte aux droits du mari comme chef de communauté (art. 1388).

La discussion du conseil d'État a fait naître quelques doutes sur le droit du mari de révoquer sans recours et sans retard l'autorisation de faire un commerce : on peut voir là plutôt un dol que l'intervention d'une puissance protectrice; aussi permet-on généralement à la femme de demander aux tribunaux l'autorisation de continuer son négoce. Touiller pense que le consentement donné à la femme ne peut être révoqué qu'en employant la publicité des articles 1445 du Code civil et 67 du Code de commerce. C'est l'application à un cas spécial de ce principe que la révocation doit être portée à la connaissance des tiers et qu'elle serait sans valeur, si elle était faite au préjudice de la femme. Il ne serait pas admissible, en effet, que le mari pût subitement arrêter une affaire à laquelle il a lui-même donné l'essor, et, par cette entrave, compromettre la fortune de sa femme ; il ne le serait pas non plus qu'il eût toujours un pouvoir secret de vie ou de mort sur les contrats passés par sa femme : les tiers, qui auraient pris toutes les précautions nécessaires, n'auraient encore aucune garantie. Il suffit de signaler ces résultats pour faire comprendre qu'ils n'ont jamais été dans la pensée des auteurs du code. Si une question de ce genre se présente devant les tribunaux, ils ont le devoir, non de concilier la puissance maritale avec le respect dû aux droits des tiers, mais de juger selon l'équité et de subordonner à la bonne foi celui des deux intérêts qui l'aura méconnue.

Il peut de même arriver qu'une autorisation de justice mette en péril la fortune de la femme : les dangers de son administration se seront révélés trop tard ou des événements imprévus seront survenus. Que faire alors ? le mari n'a plus qu'une ressource, c'est de s'adresser à la justice, en observant les formes de procédure, et de solliciter lui-même la révocation de l'autorisation (1).

(1) Dalloz, Nouguier.

CHAPITRE X.

Celui qui n'aurait aucune connaissance de nos lois et de l'état de notre société pourrait s'imaginer en face de ce titre : de l'incapacité de la femme mariée, que cette incapacité est absolue et générale, qu'elle s'étend à toute espèce d'actes : il n'est pas, dans tout ce que nous avons écrit, une ligne qui n'établisse le contraire; et nous pouvons dire maintenant que la capacité de la femme est générale, pourvu qu'elle soit exercée avec le consentement du mari. Cette condition trace la grande division de notre sujet : nous avons examiné jusqu'ici les effets des actes que la femme peut passer d'elle-même, ceux des contrats qu'elle est autorisée à consentir et les règles de cette autorisation; il nous reste à voir ce que vont devenir les actes passés par la femme au mépris des prescriptions de la loi.

Dans l'ancien droit, la nullité de ces actes était absolue : elle pouvait être invoquée par tous ceux qui y avaient intérêt; un contrat passé sans autorisation n'avait jamais eu d'existence et n'en pouvait même recevoir par ratification. Le sort de l'acte était entre les mains des deux parties, qui pouvaient à leur gré le faire annuler : il y avait donc peu de chances d'exécution. C'était la sanction sévère de la puissance maritale, si respectée dans l'ancien droit : rien ne paraissait trop rigoureux de ce qui était établi pour la sauvegarder.

Cette théorie de la nullité absolue a été entièrement rejetée par l'article 225 du Code civil : « La nullité fondée sur le défaut d'autorisation ne peut être opposée que par la femme, par le mari ou par leurs héritiers. » Ainsi la nullité est devenue relative : elle ne peut plus être invoquée que par certaines personnes ; elle est seulement dans l'intérêt de la femme ou du mari. Le tiers ne peut plus échapper à l'obligation qu'il a contractée avec une incapable : il reste seul tenu et à la merci des époux ; c'est la peine de son imprudence, car la loi a mis à sa disposition tous les moyens de connaître l'état civil des personnes.

La femme peut opposer l'action en nullité ; dès qu'elle a contracté, un droit nouveau entre dans son patrimoine, celui de faire annuler le contrat. Nous avons déjà dit que par l'octroi de cette action le code avait fait retour vers le droit romain, vers cette ancienne idée de l'incapacité du sexe et de son infirmité. Pour garantir les droits maritaux et assurer à la volonté du chef de famille la prépondérance nécessaire à la paix du ménage et à son bon gouvernement, il suffisait d'accorder au mari l'action en nullité : l'accorder encore à la femme, qui a de son plein gré signé au contrat, c'est la traiter en mineure et la déclarer personnellement incapable. C'est pourtant ce qu'a fait le code et ce qui, dès le début de cette étude, nous a décidé à admettre que l'*infirmitas sexus* avait été une des causes d'établissement de la puissance maritale.

Le mari a aussi une action en nullité; c'est la garantie de ses droits.

Mais, dit le code, cette action appartient aussi « à leurs héritiers ». Qu'elle appartienne aux héritiers de la femme, personne ne le conteste; dans de nombreuses espèces ils auront intérêt à l'exercer. Mais si l'intérêt est la mesure des actions, la loi ne s'est-elle pas trompée en accordant celle-ci aux héritiers du mari. Avant toute autre explication, nous devons dire que l'intérêt qui pourrait donner naissance à l'action des héritiers du mari n'est pas double, ce n'est que l'intérêt pécuniaire, car, par la mort du mari et la dissolution du mariage, la puissance maritale a cessé : on ne succède pas aux intérêts moraux ; les héritiers n'ont pas mission de venger les droits du mari méconnus. Pour qu'ils puissent exercer l'action en nullité, il faut qu'ils aient à y trouver un avantage de fortune. Or cet avantage ne se

présente que très-rarement. Selon plusieurs auteurs
il ne pourra même jamais exister, parce que les actes
passés par la femme sans autorisation ne peuvent
produire aucun effet contre le mari. Si les héritiers
n'ont à invoquer ni intérêt moral, ni avantage
pécuniaire, il est manifeste qu'une erreur a été
commise dans l'article 225 (1). Il faut remplacer
les mots « et à leurs héritiers » par ceux-ci « et à
ses héritiers » qui ne s'appliqueront qu'aux ayants
droit de la femme. La plupart des auteurs ont
rejeté cette opinion. Le texte de la loi laisse dans
l'esprit si peu de place au doute qu'il doit être
appliqué, à moins que l'erreur de ses rédacteurs ne
soit tout à fait démontrée ; or si les espèces sont
rares où les héritiers du mari auront intérêt à faire
annuler l'acte de la femme, elles ne sont pas absolument impossibles à formuler, et Marcadé a même
indiqué le cas où la femme commune aura renoncé
sans autorisation à une succession mobilière : elle
aura par cette renonciation écarté de la communauté, où ils seraient tombés, une universalité de
meubles qui, à la dissolution du mariage, auraient
été partagés entre les deux époux (2).

M. Dalloz fait cette remarque importante, que le
droit du mari n'est pas aussi étendu que celui de
la femme ; celle-ci peut toujours demander la

(1) Valette sur Proudhon, Duranton.
(2) Marcadé, Zachariæ, Dalloz.

nullité de l'acte; au contraire après la dissolution du mariage, dès qu'il n'a plus à venger sa puissance maritale et à montrer l'énergie qui en assurera le respect dans l'avenir, le mari n'a plus d'action, si elle n'a pour base un intérêt pécuniaire. Quelle serait en effet la raison de lui accorder le droit de détruire une situation qui ne peut lui nuire en aucune façon?

En indiquant les personnes à qui l'action en nullité doit appartenir, l'article 225 a-t-il entendu leur conférer une faculté personnelle, comme celles prévues par l'article 1166? a-t-il voulu seulement déroger à la nullité absolue de l'ancien droit? En d'autres termes les créanciers des personnes qui ont l'action en nullité peuvent-ils exercer cette action? Il nous semble que cette question est assez simple et que les observations précédentes en ont préparé la solution : l'action en nullité étant entrée dans le patrimoine de la femme, et tous les biens d'un individu étant le gage de ses créanciers, les créanciers de la femme pourront s'emparer de cette action. L'intérêt de la femme est pécuniaire et transmissible, c'est l'intérêt d'un incapable; il n'y a rien là qui ressemble à une faculté personnelle. Une distinction est nécessaire pour les créanciers du mari. Pendant le mariage, celui-ci est le seul juge de l'utilité de l'action. L'intérêt dominant, c'est l'intérêt moral du respect de la puissance maritale ; ceci ne concerne pas les créanciers. Mais nous avons dit qu'après la dissolution du mariage, le mari ne pourrait plus intenter son action que dans un but pécuniaire. Les créanciers retrouvent alors tous leurs droits et nous pensons que l'action leur appartient. Ces décisions nous paraissent logiques et elles ne vont point à l'encontre de la nullité relative établie par nos lois (1).

Mais il ne faudrait pas accorder cette action à la caution, à moins qu'elle n'ait été victime d'un dol ; une obligation annulable peut être valablement cautionnée. La caution n'aura peut-être été demandée que comme garantie contre l'annulation prévue du contrat. Si cette annulation est obtenue par la femme, c'est alors la caution qui demeurera débiteur principal.

En face de la femme et du mari, qui tous deux ont une action en nullité, nous trouvons le tiers contractant qui est à leur merci. Le contrat vaudra ou cessera de vivre sans sa volonté. Le tiers ne peut même demander à ses adversaires d'opter entre l'un des partis qu'ils ont à prendre; ce serait ou demander la nullité, ou contraindre à ratifier, ce qui lui est interdit. Mais pourquoi n'aurait-il pas le droit d'invoquer l'art. 1653 et de conserver la situation de tout contractant synallagmatique ?

(1) Marcadé, Duranton, Dalloz. — *Contra*, Toullier. Angers, 1er août 1810. Cass. 11 août 1822.

Le mettre dans la nécessité d'exécuter seul un pareil contrat, et lui faire courir le risque de perdre son prix, ce serait créer une exception injuste aux principes généraux des obligations (1).

Les actes à titre gratuit faits dans l'intérêt des femmes mariées ont donné lieu à quelques difficultés.

Le respect dû aux conventions matrimoniales et leur immutabilité ont été le sujet d'une assez vive discussion : on suppose que la loi pécuniaire acceptée par les conjoints est la jouissance par le mari de tous les biens de la femme. Un tiers intervient pendant le mariage et fait une donation à la femme, à la condition que le mari ne jouira pas des biens donnés ; quel sera le sort de la donation? On veut qu'elle soit nulle parce que la condition porte atteinte au contrat de mariage, parce que le mari n'aura plus la jouissance de tous les biens de sa femme, jouissance qu'il a peut-être exigée pour lui enlever des ressources dont il craint qu'elle n'abuse. Son pouvoir va être indirectement diminué, sa surveillance déjouée et la clause principale du contrat inutile.

Mais nous avons déjà vu que le mari a de nombreux moyens d'empêcher la femme d'abuser de ses revenus : s'il a voulu au contrat la jouissance

(1) Dalloz. Grenoble, 11 juin 1825. Caen, 9 janv. 1849.

de tous les biens, c'est habituellement, non pour diminuer les ressources de sa femme, mais pour augmenter les siennes. La capacité de la donataire n'est changée que vis-à-vis de biens qui n'ont pas été prévus au contrat. Il est vrai que le testateur ne peut pas régler le mode de jouissance du légataire; mais veut-on nier le droit du donateur d'imposer des conditions au donataire; n'est-il pas libre de disposer de son bien comme bon lui semble? Est-ce qu'il ne serait pas regrettable que dans cette espèce la colère ou la rancune du mari, qui n'a qu'à gagner à cet enrichissement, diminue ainsi la fortune de la femme et des enfants? Aussi notre conclusion est-elle que, à moins qu'il ne s'agisse de biens de réserve, la donation pourra être acceptée et sa condition exécutée avec autorisation de justice au refus du mari (1).

La règle, que les tiers ne pourront jamais intenter l'action en nullité résultant du défaut d'autorisation, a fait naître des controverses en ce qui concerne les donations et les compromis.

De nombreux auteurs soutiennent que la nullité de la donation acceptée par la femme sans autorisation est absolue, que le donateur peut l'invoquer lui-même. Cet avis était unanimement adopté dans l'ancienne jurisprudence, il était consacré

(1) Valette, Toullier, Proudhon. — *Contra,* Delvincourt.

dans l'ordonnance de 1731 et se trouve reproduit dans le rapport de M. Jaubert qui déclare que « l'acceptation qui ne lierait pas le donataire ne saurait engager le donateur ». L'article 934 qui traite de l'acceptation de la femme mariée exige le consentement du mari et se trouve dans la section intitulée : De la forme des donations entre-vifs. L'acceptation est donc une des formes de la donation, exigée à peine de nullité absolue. « Une nullité de forme dans une donation peut être invoquée par tout le monde, dit Dalloz, parce que ces règles sont d'ordre public ». Proudhon pense aussi que « l'expression de l'acceptation fait partie de la forme extérieure et substantielle de l'acte ».

Malgré la valeur de ces arguments, nous ne pouvons nous y soumettre : en cette matière nous avons une règle générale, c'est celle de l'article 225, d'après lequel la nullité fondée sur le défaut d'autorisation ne peut être opposée que par la femme, le mari ou leurs héritiers. Le principe se trouve reproduit au titre des Obligations dont l'article 1125 déclare que les tiers ne pourront invoquer l'incapacité de la femme mariée avec laquelle ils auront contracté. Les paroles du tribun Jaubert n'ont pas besoin d'être réfutées, parce qu'elles sont l'expression d'une opinion individuelle et que le texte de la loi doit, seul, avoir autorité. Mais y a-t-il vraiment une question de forme? N'est-ce pas plutôt

une question de capacité des parties? L'acte nota-
rié avec minute, l'acceptation en termes exprès,
voilà les formes. Il est vrai que la section qui renferme l'article 934, lequel exige le consentement du
mari ou l'autorisation de justice est intitulée : De
la forme des Donations entre-vifs, mais est-ce que
ce n'est pas aussi dans cette section que le législateur a décidé quels biens les donations ne pourraient comprendre (art. 943), sous quelles conditions elles ne pourraient se faire (art. 944), etc.
Or ce ne sont pas là, assurément, des questions de
forme. M. Valette, dans ses notes sur Proudhon,
fait valoir une dernière raison : « Il y a plus, dit-il,
c'est que dans cette même section un autre article
nous fournit, par sa rédaction, un argument nouveau. L'article 934, exigeant l'autorisation du mari,
pour l'acceptation de la femme donataire, ou en
cas de refus du mari l'autorisation de justice, dit
que c'est conformément à ce qui est prescrit par
les articles 217 et 219, au titre du Mariage ; et dans
ces deux articles, le défaut d'autorisation du mari
ou de justice est considéré comme une simple incapacité, et, par conséquent, une nullité purement
relative (1). »

La nullité d'un compromis fait par la femme non
autorisée ne sera encore que relative : c'est tou-

(1) Buguet. Armand Dalloz, Dict.

jours, comme le font remarquer les auteurs du *Praticien*, l'article 1125 qu'il faut appliquer quand ce n'est pas l'intérêt public qui est en question, mais l'intérêt d'un incapable : « Les communes seules, dit Carré dans ses Lois sur la procédure, ont la nullité absolue (1). »

Puisque le tiers n'a aucun moyen d'obtenir la nullité de l'acte, il ne pourra échapper à une assignation donnée par la femme sans autorisation qu'en invoquant une exception dilatoire (2). L'assignation lancée contre la femme n'est valable que si son mari a été mis en cause. Un arrêt du 4 octobre 1811 a annulé toute une procédure parce que le mari n'avait pas été assigné en même temps que la femme.

Duranton pense qu'un jugement rendu contre une femme non autorisée, ne peut jamais passer en force de chose jugée. La femme pourra interjeter appel, ou, s'il est en dernier ressort, elle aura la ressource de la requête civile pour violation d'une forme exigée à peine de nullité (3).

Dans une hypothèse unique, le tiers pourra invoquer la nullité de l'acte; c'est quand la femme l'aura trompé par des manœuvres frauduleuses; mais nous ne pensons pas que la maxime : *error*

---

(1) Dalloz. Bordeaux, 22 mai 1832.
(2) *Contra*, Delvincourt.
(3) Dalloz. Cass. 28 mai 1823 et 16 nov. 1823.

communis facit jus soit applicable en cette matière ; c'est à chacun à s'assurer de la capacité de la personne avec laquelle il contracte, et la simple déclaration fausse, faite par la femme, ne la rendrait pas non recevable à attaquer son engagement (1).

(1) Dalloz, Zachariæ, Duranton. —*Contra*, Delvincourt, Toullier.

POSITIONS.

DROIT ROMAIN.

I. La *coemptio* était un acte par lequel la femme se mancipait elle-même à son mari.

II. La *coemptio* n'était pas possible quand la femme était *alieni juris*.

III. La loi Julia ne s'expliquait pas sur le point de savoir si elle était applicable aux fonds provinciaux comme aux fonds italiques.

IV. Le mari est seul propriétaire des biens dotaux.

V. La propriété du mari quant aux meubles n'était point restreinte par la loi Julia.

VI. La femme ne peut pas, en intercédant, renoncer au bénéfice du sénatus-consulte Velléien.

DROIT FRANÇAIS.

I. Le mari peut, par l'emploi de la force, contraindre sa femme à réintégrer le domicile conjugal.

II. La femme a besoin d'autorisation pour demander la nullité de son mariage.

III. L'obligation valablement contractée par la femme séparée, doit être exécutée sur tous ses biens.

IV. L'autorisation tacite ne peut résulter d'autres faits que du concours du mari dans l'acte.

V. Les mots «pendant la durée de la peine» de l'article 221 ne s'appliquent pas à la dégradation civique.

VI. Les actes passés par une marchande publique sont, même lorsque leur nature n'indique pas dans quel but ils ont été faits, présumés relatifs à son commerce.

VII. Le mari ne peut pas, par un consentement postérieur, ratifier l'acte fait sans autorisation.

VIII. La nullité de la donation acceptée par la femme sans autorisation n'est que relative.

IX. La clause par laquelle un testateur prive un héritier réservataire de sa portion dans la quotité disponible, pour le cas où cet héritier attaquerait une disposition d'ailleurs nulle, est valable.

HISTOIRE DU DROIT.

I. La communauté a ses origines dans le droit germanique et dans la constitution de la société au moyen âge.

II. La censive dérive du précaire romain avec emprunt à l'emphytéose.

DROIT DES GENS.

I. Le jugement rendu par un tribunal étranger, même contre un Français, ne doit pas être révisé au fond pour emporter hypothèque et être exécuté en France.

II. Une nation belligérante peut visiter les navires de commerce d'une nation neutre pour s'assurer qu'ils ne portent pas de la contrebande de guerre.

DROIT CRIMINEL.

I. La personne acquittée en cour d'assises ne peut être traduite en police correctionnelle à raison du même fait qualifié autrement.

II. Le réhabilité qui commettrait un nouveau crime ou délit doit subir l'aggravation de peine résultant de la récidive.

Vu :
A. VALETTE.

Vu :
Ch. GIRAUD.

Vu et permis d'imprimer,
Le vice-recteur de l'Académie de Paris :
A. MOURIER.

Paris. — Typ. de Ad. Lainé et J. Havard, rue des Saints-Pères 19.

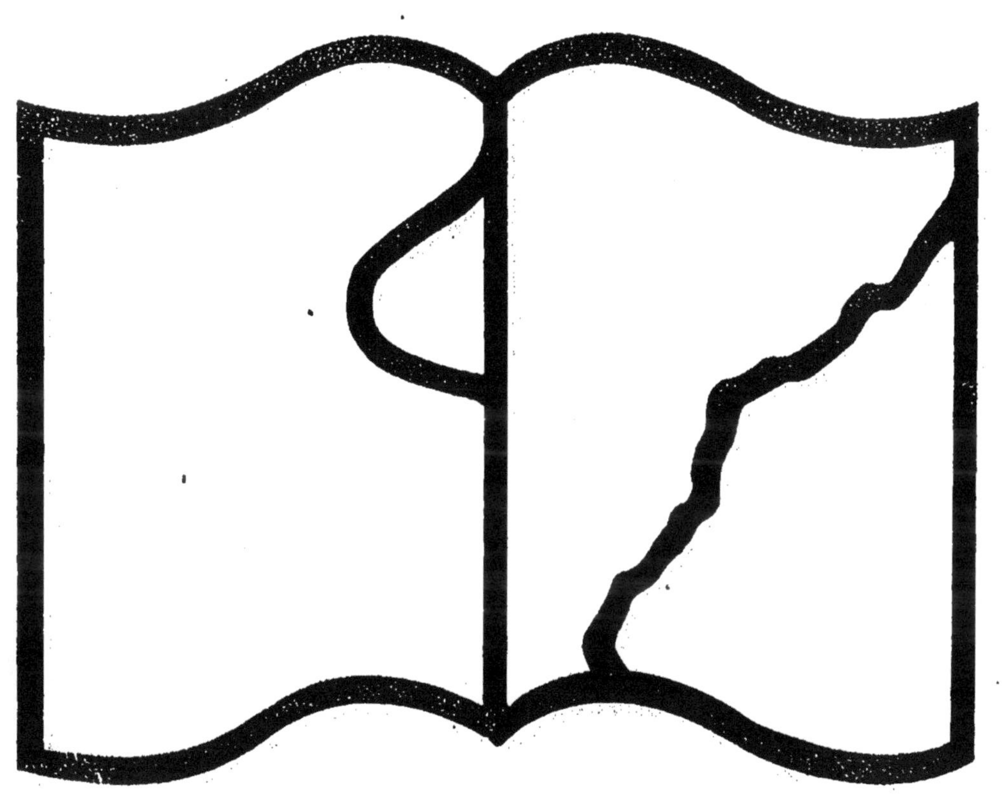

Texte détérioré — reliure défectueuse

NF Z 43-120-11